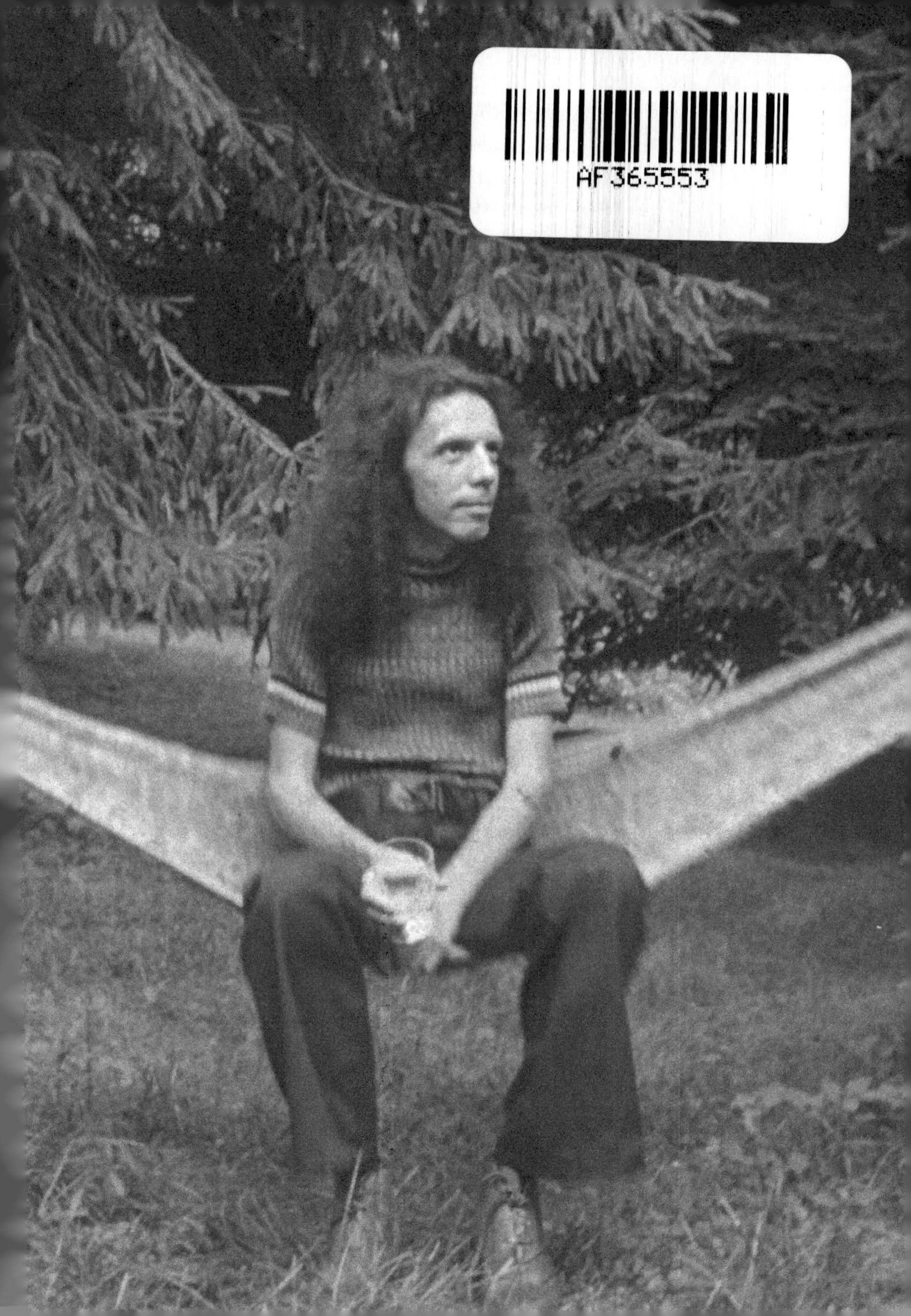

AF365553

Coleção Encontros

Antonio Risério
Boris Schnaiderman
Capoeira
Cildo Meireles
Darcy Ribeiro
Eduardo Coutinho
Eduardo Viveiros de Castro
Fernando Gabeira
Florestan Fernandes
Geração Beat
Gilberto Freyre
Gilberto Gil
Hélio Oiticica
Ismail Xavier

Jorge Luis Borges
Jorge Mautner
Lucio Costa
Maio de 68
Manoel de Barros
Milton Santos
Nise da Silveira
Roberto Piva
Rogério Duarte
Rogério Sganzerla
Sérgio Buarque de Holanda
Tropicália
Vinicius de Moraes
Zé Celso Martinez Corrêa

PRÓXIMOS LANÇAMENTOS
Aloísio Magalhães
Chico Buarque
Dias Gomes
Jomard Muniz de Britto
Juca Kfouri
Mario Pedrosa
Mario Schenberg
Newton da Costa
Octavio Ianni
Paulo Mendes da Rocha
Rogério Duarte
Silviano Santiago
Tom Jobim
Tom Zé

Hélio Oiticica

organização
Cesar Oiticica Filho,
Sergio Cohn
e Ingrid Vieira

apresentação
Cesar Oiticica Filho

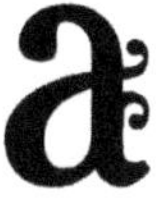

2ª edição

Encontros

EncontrHOs

POR CÉSAR OITICICA FILHO

EncontrHOs

César Oiticica Filho é curador,
artista plástico e fotógrafo.

Hélio falava sobre o "Delirium Ambulatório", uma espécie de movimento criativo, que ele desenvolvia em suas caminhadas pela cidade, principalmente pelo centro do Rio de Janeiro, passando pelo Mangue, entre a Central do Brasil e o Morro da Mangueira, que o levava aos mais variados vislumbres sobre formas de novas obras. Nessas caminhadas criativas, ele sempre levava um bloco de fichas, que chamava *Index Cards*, onde anotava os detalhes para seus projetos. Como um explorador em um grande labirinto, Hélio se deslocava no espaço urbano, fosse de ônibus ou a pé, reconstruindo o mundo como um grande quebra-cabeça, a ser esmiuçado e reinventado, como em seus *Núcleos*, em que retira a pintura da prisão bidimensional e a joga no espaço, como quem quer revelar a sua essência, enquanto cor, tempo, estrutura e obra diretamente conectada à vida.

Quando criança, Hélio decorou todo o *Guia Rex* da cidade do Rio de Janeiro. Ele conhecia as diversas linhas de ônibus, inclusive todos os seus pontos. Daí, inventou uma brincadeira chamada "motorista de ônibus", que parava em todos os pontos, segundo suas sequências em cada linha. Mais tarde, ele imaginou uma cidade, a qual chamou de Segunda Parte de Belo Horizonte, e fez dela uma imensa planta. Essas histórias, mais que meras curiosidades, nos levam a entender sua forma de pensar, desde criança até seus últimos trabalhos.

Assumindo sempre uma posição de observador, ele se debruça com intensidade sobre determinado mundo e o disseca, de tal maneira que pode dominá-lo totalmente, a ponto de desmontá-lo, dando a ele uma nova feição. Sua visão anárquica não se contenta com fórmulas prontas. Na verdade, a desmontagem de alguns preceitos, tidos como rígidos e institucionalizados, nos revela sempre um novo mundo, novas possibilidades.

Em sua práxis, Hélio trabalhou como um inventor que constrói suas obras a partir de descobertas, geradas em sua vivência diária, seja no Morro da Mangueira ou no contato com a obra de grandes mestres, como Klee ou Mondrian, e reveladas em profundas pesquisas plásticas, sensoriais e culturais. Então, inicia um processo de mitificação, seguido pelo de "desmitificação", quando se apropria de certas formas que, muitas vezes, reconstrói adiante em arte. "Desmitificação", aliás, foi um conceito caro para Hélio nos seus últimos anos, como podemos ver em suas últimas entrevistas, onde ele ressalta o seu processo de desmistificação como uma maneira de desconstruir mitos.

Esta reunião antológica de depoimentos históricos, dados pelo artista em diferentes momentos de sua vida, nos permite a oportunidade única de esmiuçar as várias facetas de Hélio Oiticica e, a partir dessas descobertas, construir um novo Hélio, mais maleável, que muda com o passar do tempo, e que expressa opiniões diferentes das que constumamos ouvir propagadas por pessoas com os mais diversos interesses ou pouca informação sobre o homem. Neste caso, resta apenas o mito.

Assim, torna-se essencial ler essas palavras que, vindas do próprio Hélio, revelam verdadeiramente sua personalidade. Aqui estão presentes o texto e a própria fala do homem, não permitindo que se trabalhe com conceitos exteriores. A entrevista é olho no olho. Tudo está gravado. Mesmo o dito em *off* um dia pode ser ouvido. É a verdade contida neste livro que faz dele uma caixa, onde estão as diversas peças que permitem remontar o homem Hélio Oiticica, descobrir por vários caminhos aspectos muito diferentes dessa mesma personalidade, nos surpreender com declarações que jamais esperávamos ouvir dele. Juntando todas as informações que compõem esse livro, vamos descobrir que, enquanto mito, Hélio é muito mais interessante como pessoa. Nele as peças se soltam e podem sempre se reagrupar de diversas maneiras, em diferentes períodos, sob situações as mais variadas, como a vida em constante movimento.

Para ajudar a desmontar a figura criada, transcrevo abaixo como exemplo dois trechos que desfazem a mitologia existente sobre Hélio Oiticica, elaborada pelo mercado e pela sociedade, quase sempre com a finalidade de nublar importantes informações, muitas contrárias a esses interesses, que quase sempre sacralizam a obra de arte e mitificam o artista:

"Hoje eu não tenho nada a fazer no espaço de uma galeria de arte, por exemplo. Mas poderia ter. Agora, galeria como se concebe no Brasil ainda é uma coisa para expor quadros e esculturas. Eu não teria interesse em ficar em função desse mercado, mas eu posso criar mercado. Você poderia criar também. Por exemplo, dizem que pôster não vende, principalmente em galerias. Mas eu garanto que eu posso criar uma situação de venda. Fiz um pôster-poema com Romero de um lado em foto, e de outro estava impresso um poema. Na medida em que as pessoas dizem que isto não é comercial, eu posso transformá-lo em algo que vende."

"A Alemanha está mais perto do Brasil do que o Peru, sob um certo aspecto. Em termos de linhagem artística, é verdade. Eu não sei o que as pessoas querem definir aqui quando falam em arte latino-americana. Fica uma coisa muito problemática. Seria a arte feita aqui? Em geral os exemplos que dão é que são coisas importadas – se é que se pode dizer isso – coisas de segunda mão".

*

Organizar esse delírio não teria sido possível sem o acesso ao banco de dados do Projeto Helio Oiticica, criado a partir de um incansável e eficiente trabalho, e acessível a todos por meio de um sistema de busca, a partir de palavras chave. Quero agradecer, em especial, à Ingrid Vieira, que fez a maior parte do trabalho, deixando para mim o prazer de poder colaborar, criativamente, na organização desta edição, e a Ericson Pires, que me apresentou a Azougue Editorial. Dedico este livro a uma pequena estrela de luz fortíssima, que acaba de nascer e que se chama Luiza. Que, um dia, este seja para ela uma caixa de pequenas luzes, que se agrupam em formas infinitas e produzem sempre um lindo show desse SOL.

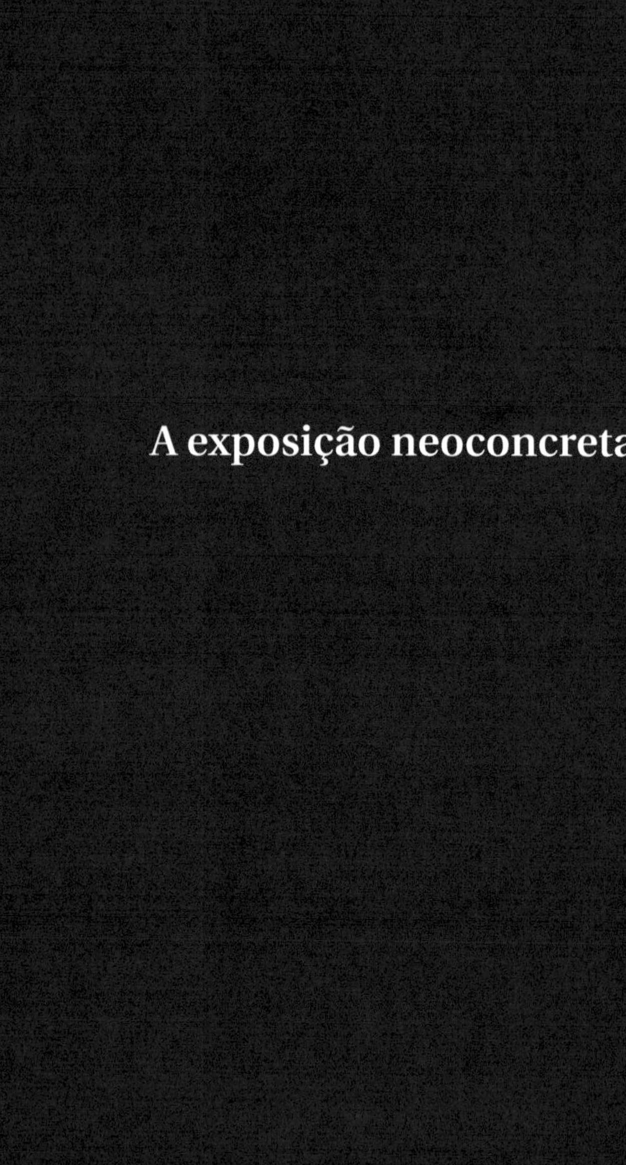

A exposição neoconcreta

(SEM CRÉDITO)

A exposição neoconcreta

(SEM CRÉDITO)

Publicada originalmente
no *Jornal do Brasil*,
em 21 de abril de 1961.

Qual vai ser a sua participação na exposição neoconcreta?

Como na exposição anterior, no Ministério da Educação, vou apresentar uma série de não-objetos. A novidade será a grande maquete (1,60 x 1,60) do projeto para um jardim.

O jardim será todo em construções, e sem nenhuma vegetação. Inclui cinco maquetes minhas, duas sob forma de labirinto e três em placas rodantes, além do *Poema enterrado* de Ferreira Gullar e do recinto para o *Teatro integral* de Reynaldo Jardim.

Possuirá, portanto, um sentido inteiramente diverso do habitual em matéria de jardins.

Sim, e não só pelo fato de incluir inteiramente obras com sentido estético, como por um certo caráter mágico que existe em sua estrutura.

Que caráter mágico seria esse?

Acho que possui caráter mágico, por um lado porque as obras que o compõem levam as pessoas que nele penetram a um outro plano que não o do cotidiano, e, por outro, por ser ele integralmente composto de obras estéticas. Num jardim comum, por exemplo, a natureza é organizada, sem deixar, no entanto, de ser natureza, ao passo que aqui a intenção é totalmente desligada de qualquer preocupação com a natureza e consiste em procurar elevar o espectador a uma participação estética integral.

Pode-se considerá-lo então como uma espécie de jardim artificial?

Sim. O único elemento de natureza nele será a areia penteada como nos jardins japoneses.

Qual é o material previsto para as construções?

O comum – concreto e alvenaria. O piso das três entradas será de mármore, para criar uma ligação entre a parte construída e a areia.

Qual a importância da cor?

A cor é um dos elementos mais importantes. Sendo a predominância em tons de amarelo e branco na parte exterior, e, na parte interior, de outros tons, mas sempre luminosos.

Ao se entrar por qualquer das três entradas, os tons exteriores de amarelo e branco serão mais suaves, intensificando-se à medida que se chega ao centro do grande labirinto, sendo mais intenso ainda no interior das maquetes, principalmente nas minhas, em que a cor atua como elemento fundamental.

E você prevê a realização do seu projeto?

Está claro que gostaria de vê-lo construído, ainda que para isso fosse preciso contar com o interesse por parte de arquitetos e de autoridades.

O templo é sempre concebido
como um recinto destinado
à guarda das divindades.
O monumento, por seu
lado, se destina a guardar
ou a cultuar a memória
de algo ou alguém. Já esse
meu projeto não possui
qualquer desses sentidos
acessórios, sendo destinado
unicamente à participação e à
contemplação estética.

Por que, então, *jardim* e não *monumento*?

O projeto se aproxima, na verdade, do sentido de monumento, e, ainda, do de templo, mas difere essencialmente de ambos. Num e noutro existe um sentido acessório ao estético. O templo é sempre concebido como um recinto destinado à guarda das divindades. O monumento, por seu lado, também se destina, de certo modo, a guardar ou a cultuar a memória de algo ou alguém. Já este meu projeto não possui qualquer desses sentidos acessórios, sendo destinado unicamente à participação e à contemplação estética.

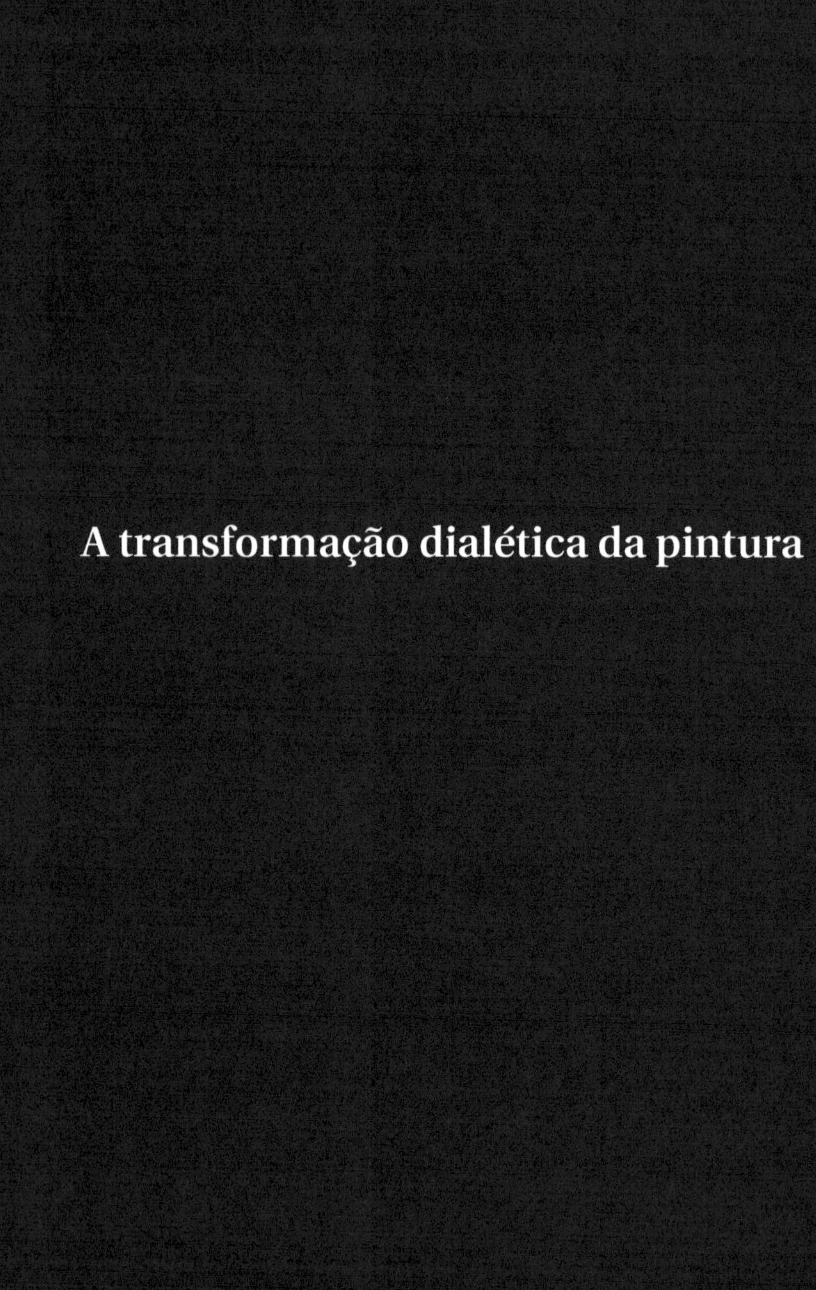
A transformação dialética da pintura

POR VERA MARTINS

A transformação dialética da pintura

POR VERA MARTINS

Publicada originalmente
no Suplemento Dominical
do *Jornal do Brasil,*
em 21 de maio de 1961.

Hélio Oiticica, um dos mais jovens artistas neoconcretos, vem apresentando, nas últimas exposições do grupo, uma série de trabalhos que representam a evolução de sua pintura, antes virtualmente espacial, para o espaço mesmo. A experiência de Hélio obedece a um processo e chega a um resultado totalmente diverso do de Lygia Clark, que, da pintura, saiu também para o espaço, mas no sentido de uma escultura dinâmica. Já os trabalhos de Oiticica nada têm a ver com a escultura. O artista já teve a sua experiência analisada pelo crítico Ferreira Gullar, neste Suplemento. Agora, por ocasião da mostra neoconcreta do MAM de São Paulo, viemos pedir-lhe que nos falasse de seu trabalho e nos desse o seu próprio testemunho sobre as pesquisas que o levaram a realizar esses não-mais-quadros, que ora são pendurados no teto isoladamente, ora em grupos, formando uma espécie de trama suspensa.

É Hélio quem nos explica:

– Sinto que o quadro não satisfaz de forma alguma as necessidades de expressão de nosso tempo. A eliminação do quadro é a continuação, de certo modo, da eliminação da figura. Isto porque o quadro é um espaço *a priori* – um retângulo, um suporte para a contemplação. É um elemento contemplativo por excelência. Quando existe um suporte, para que se faça em seu interior uma composição, o que decorre necessariamente é sempre uma figuração. Dado o quadro, temos um suporte para a figuração.

No quadro, o sentido de espaço (e em arte, espaço e tempo são sempre metafóricos) está limitado ao retângulo. Cada pintor, apesar de usar o retângulo, tem um sentido de espaço diverso. A pintura sempre foi um fato condicionado ao quadro, enquanto ela se fez dentro do espaço retangular dado *a priori*. Dava-se dentro do quadro, suporte passivo da expressão. O espaço, pois, era um espaço de ficção. Durante séculos, a pintura não influiu na forma do quadro. Entenda-se, pois, que não tomo pintura por sinônimo de quadro.

– Quando Lygia Clark fazia aqueles quadros recortados, estava quebrando virtualmente a estrutura do quadro. Apesar de usar a forma retangular, o quadro estava rompido, pois as suas formas componentes vinham de fora para dentro. As placas eram postas sobre o quadro. Daí, Lygia evoluiu para um espaço não mais ficcional, com os *bichos*, que se dão totalmente no espaço.

Essa necessidade de destruição é, na época atual, sentida universalmente. Entendo-a como resultante da destruição da figura. A razão para a destruição de uma e outra é a mesma: como a figura, o quadro não pode mais satisfazer às necessidades expressivas de nosso tempo. Chego a essa conclusão depois de ano e meio de experiências.

– Muitos pintores atuais propõem esse problema, quer de forma virtual e inconsciente.

Sinto que o quadro não
satisfaz de forma alguma as
necessidades de expressão de
nosso tempo. A eliminação do
quadro é a continuação, de
certo modo, da eliminação da
figura. Isto porque o quadro
é um espaço *a priori* – um
retângulo, um suporte para a
contemplação.

– Para mostrar que o problema de destruição do quadro é uma tendência da nossa época, posso, ao acaso, citar uma série de pintores que sofrem a mesma necessidade. Não são precursores da minha experiência, e nem sentem o problema do mesmo modo que eu, mas demonstram, cada um à sua maneira, o mesmo fato.

– Fontana, ao fazer incisões sobre a superfície da tela, cria com a gilete sulcos que destroem essa superfície. Tal atitude é consequente da necessidade da criação de um novo espaço. O gesto torturado de Fontana reflete o que Ferreira Gullar chama de *o drama do fim do quadro*. Fontana, apesar da necessidade de criar um novo espaço, sente-se, ainda, preso ao retângulo e daí a violência com que investe contra sua superfície. Nos seus escritos, Fontana afirma que o quadro para ele nada mais é que um conceito espacial.

– O próprio Pollock, pelo fato de esticar a tela no chão e caminhar sobre ela, em todas as direções, fazendo com que deixasse de possuir um sentido privilegiado, demonstrava a sua necessidade de envolver-se na sua própria pintura, de participar do quadro. Pollock possuía esse sentido cósmico, muito embora usasse o retângulo como suporte para a criação. No entanto, embora inconscientemente, a necessidade de um envolvimento mais íntimo com o quadro significava que o retângulo como elemento passivo não lhe satisfazia a atividade criadora.

– Burri, por seu lado, reflete o mesmo problema da destruição do quadro. A superfície retangular é dada *a priori*, mas Burri não se limita a criar um espaço ficcional e sim o penetra, ao costurar o espaço e amontoar objetos sobre a superfície bidimensional.

– Os pintores da chamada arte Madi propuseram-se a destruir o retângulo, mas apenas o esfacelavam, nas quinas, sem afetar a superfície. Permanecia um espaço para que se fizesse dentro dele uma composição. Destruíram o retângulo apenas no aspecto, pois continuavam a tratar aquela forma de que dispunham como suporte para a composição. Recortavam os lados do retângulo, sem atingir a estrutura.

– Isso se deu porque não descobriram o sentido do *tempo* como elemento estético. O tempo, na pintura figurativa sempre mecânico, atualmente intervém como um dos elementos principais da pintura.

– A consciência de tais problemas gerou-se em mim ao longo do processo de elaboração, que se vem dando há cerca de ano e meio. O primeiro passo foi fazer um quadro sem *costas*. A estrutura do quadro girava 180º. Era ainda uma pintura de dois lados, mas já acrescida de sentido de tempo. Ainda que virtualmente destruída, a forma retangular permanecia. Senti necessidade de transformá-la.

– O plano do quadro era ainda estático; o sentido de tempo não prevalecia integralmente, não estava integrado na gênese da obra. Na nova expressão a que me proponho, os elementos que entram são o espaço, a cor, a estrutura e o tempo.

– Embora os dois lados da pintura estivessem trabalhados, havia uma separação entre as placas, correspondente ao que antes seria parede. Esta parte permanecia um elemento estético e inoperante.

Pela necessidade de dinamizar essa parte inclusa, de fazê-la viver, comecei a levantar as placas que correspondiam aos dois lados. Em vez de funcionarem apenas dois lados, vários planos começaram a aparecer. As faces interiores tomaram sentido, passando a funcionar. Foi então que fiz os *não-objetos* pendurados, cujas placas abrem em diversos ângulos fixos.

– A evolução dessa experiência vem-se dando nos *Núcleos* que ainda são pendurados, e nas maquetes, que abarcam a escala humana.

Os *Núcleos* e as maquetes têm sentido paralelo, as maquetes, que venho realizando em escala humana, com dois metros de altura, podem ser penetradas pelo espectador. Os *Núcleos* são pendurados – alguns se compõem de vinte placas que constituem uma unidade só. O espectador apenas as rodeia, sem entrar literalmente nelas.

– Para mim, é como se o *Núcleo* possuísse um sentido mais musical e a maquete um sentido mais arquitetônico. Sinto toda essa experiência como se fosse a transformação dialética da pintura.

– Repito que pintura, no meu entender, não é sinônimo de quadro. Acho importantíssimo que os artistas deem o seu próprio testemunho sobre sua experiência. A tendência do artista é ser cada vez mais consciente do que faz. É mais fácil penetrar o pensamento do artista quando ele deixa um testemunho verbal de seu processo criador. Sinto-me sempre impelido a fazer anotações sobre todos os pontos essenciais do meu trabalho.

Hélio conclui falando da denominação de *não-objeto*, atribuída ao seu trabalho:

– A designação não-objeto é inteiramente adequada ao meu trabalho. É necessário que o trabalho do artista se enquadre numa categoria. Há certos tipos de obras que pertencem a uma mesma família. Meu trabalho não é nem arquitetura, nem escultura e nem pintura no sentido antigo. Para ajudar a minha própria atitude diante desse trabalho, o nome *não-objeto* veio inteiramente a calhar.

Projeto Cães de Caça
e pintura nuclear

DEPOIMENTO PARA O MAM-RJ

Projeto Cães de Caça
e pintura nuclear
DEPOIMENTO PARA O MAM-RJ

Depoimento realizado para o
Museu de Arte Moderna do
Rio de Janeiro, em novembro de 1961.

Será dado a conhecer ao público do Rio, amanhã, no Museu de Arte Moderna, o *Projeto Cães de Caça* de Hélio Oiticica, um dos vanguardistas nas artes plásticas brasileiras. Trouxemos o artista até cá para que nos fale e explique do que se trata esse projeto, já que é do maior interesse, pois está intimamente ligado ao desenvolvimento estético dos mais avançados na arte contemporânea. Evidentemente esta será uma explanação geral para a compreensão do público, sem entrar em detalhes teóricos e estéticos, a que só *experts* estariam à altura de compreender. Oiticica, como poderemos definir esse seu projeto e do que se compõe?

Esse projeto seria algo como um jardim, aberto ao público, em uma cidade qualquer, de preferência num lugar amplo, como se fosse um parque, e não dando saída diretamente para ruas. A grande questão, porém, é a de que não se trata de um jardim habitual como se está acostumado a entender, com a utilidade pura e simples de jardim. Trata-se de um grande labirinto com três saídas: à medida em que se penetra nesse labirinto vão-se sucedendo os elementos de ordem estética que o compõem, que são: o *Poema enterrado* de Ferreira Gullar, o *Teatro integral* de Reynaldo Jardim, e cinco *Penetráveis* de minha autoria. O elemento de natureza, que é areia penteada misturada com pequenas pedras, envolve todo o projeto e vai diminuindo até desaparecer, à medida em que se penetra no mesmo. Creio que devo explicar com certos detalhes o que são essas obras, tanto pelo seu caráter quanto pelo seu estado estético.

Os *Penetráveis* são estruturas labirínticas no espaço, construídas de modo a serem penetradas pelo espectador, ao desvendar-lhe a estrutura. Nos dois primeiros, a concepção é um verdadeiro labirinto, onde os espaços, vazamentos, placas de cor, se sucedem uma após outra, até chegar a um centro, que é o "ápice" do labirinto. Ao voltar, o espectador vê faces que talvez não tenha visto ao entrar, pois está fazendo um movimento inverso. Seria como se fossem grandes afrescos, de várias faces, onde também a cor do chão conta como elemento componente. O espectador, pois, literalmente "penetra" na obra, desenvolvendo-se numa vivência da mesma. Não possuem teto.

Já os outros três *Penetráveis* são menos "labirintos" e mais "caixas", providas de placas rodantes (rodam num eixo central). O espectador empurra e roda essas placas de cor à medida que penetra nas "caixas", sendo portanto em relação aos primeiros labirintos, estruturas mais "móveis".

Poder-se-ia perguntar "Qual a 'utilidade' disso? Para que 'serve'"? Seria uma pergunta equívoca, pois o caráter dessas obras é puramente estético, e já que é estético é também gratuito no sentido "utilitário". Uma obra de arte de qualquer natureza não é "utilitária", pois senão já deixa de ser obra de arte. Sendo uma manifestação livre do espírito do seu autor é também para ser apreendida e vivenciada livremente, do contrário não será entendida, passando assim a ser uma coisa vã. O caráter, pois, desse projeto, é puramente estético. O indivíduo aqui se refugiaria, assim como quem entra num museu, para vivências de ordem estética, como se fosse algo "mágico", capaz de levá-lo a outro plano que não o do cotidiano. Cada uma das sete obras componentes do projeto só pode ser penetrada por uma pessoa de cada vez. O grande labirinto, que constitui o liame entre essas obras, evidentemente que não; pode conter muita gente no seu perímetro. É, pois, esse caráter de "penetração individual" e o próprio sentido intrínseco das obras que justifica a relação entre esses meus *Penetráveis* e o *Poema enterrado* de Gullar e o *Teatro integral* de Reynaldo Jardim.

O *Poema enterrado* de Ferreira Gullar constitui uma das obras mais importantes desse poeta, para quem a poesia foi-se depurando e transformando-se até chegar a admitir como elementos também seus, além da palavra, a cor, o movimento, e a própria transformação do seu "suporte", que era o livro, tendo sido este transformado no "livro-poema", evoluindo logo após para o "não--objeto" de ordem poética. Seria exaustivo discutir aqui as razões estético-teóricas desse desenvolvimento, mesmo porque, para os leitores do Suplemento Dominical do *Jornal do Brasil* já é bem conhecido. Limito-me a apresentar o *Poema Enterrado*. Para ser possível a penetração aqui, levanta-se um alçapão (fica numa posição vertical depois de levantado), desce-se um pequeno lance de escada (dois metros de altura), abre-se logo após uma porta de correr, penetrando-se então na sala, que nada mais é que um grande cubo de dois metros de aresta. É preta: teto, paredes e chão. No seu centro está um cubo vermelho; desse cubo vermelho, tirando-se a tampa revela-se um cubo verde; levantando-se o verde revela-se um outro ainda menor branco; tirando-se o branco está a palavra. Deixando de lado o que possa haver de "anedótico" e "curioso" para o espectador desprevenido, devo dizer que no fundo não é nem uma coisa nem outra. Vejo isto como se fosse uma necessidade de fundar um lugar arquitetônico para a palavra, como o quer o próprio autor, levado a um extremo de solução, sendo ao mesmo tempo como que o "enterro" da poesia tradicional e o "plantar" de um novo tipo de expressão, inesperada, pura e nobre. Pelo seu caráter temporal e altamente expressivo, puramente poético, constitui essa obra uma contribuição universal e importantíssima para o desenvolvimento da poesia de vanguarda do Brasil.

O *Teatro integral* de Reynaldo Jardim, na verdade, não é um "teatro"no sentido comum que se dá ao mesmo, pois só pode ser visto por uma pessoa de cada vez. Entra-se numa arquitetura cúbica, e ao centro está uma cadeira fixada ao chão, e rodante sobre um eixo central; o espectador, pois, pode rodar 180° para presenciar o que se passa à sua volta. À volta, num painel de vidro, passa-se a "cena", que seria constituída de dispositivos eletrônicos e "peças" em que não só a palavra, como a luz, a cor, o som e mesmo aromas constituiriam os seus elementos fundamentais. A cena começa após ter sido acionada pelo próprio espectador. Evidentemente as "peças" mudariam, não seriam sempre as mesmas, pois vários artistas e escritores já se propuseram a escrever "peças cenas" para esse novo desenvolvimento do teatro. Considero, em verdade, o *Teatro integral* como uma fusão de elementos de teatro e elementos de cinema, uma fusão entre a participação e a mecanicidade, ambas tornadas expressivas e estéticas, numa linguagem que talvez se constitua em algo mais autêntico para representar a linguagem ao mundo de hoje. Difere, pois, do sentido participação-movimento das obras enunciadas anteriormente, mas liga-se a elas fundamentalmente, com outro tipo de dimensão do movimento, ou seja, a participação-movimento mais movimento mecânico. É uma concepção tão cheia de possibilidades e rica de ideias, que só ao pensar nelas sentimo-nos excitados a inventar "peças-cenas", pois a imaginação encontra aqui um campo virgem para se expandir, características de toda verdadeira inovação num setor qualquer de expressão.

Voltando à sua experiência, com vêm se desenvolvendo os *Penetráveis* e que são os *Núcleos*?

Além dos *Penetráveis* que estão incluídos no *Projeto Cães de Caça*, tenho várias maquetes de outros, que pretendo realizar, futuramente, em outros projetos, já tendo em vista um com um poema de Lygia Pape, outro com obra de Lygia Clark e também um com poema de W. Surtan. É interessante notar que enquanto os *Penetráveis* são mais facilmente assimiláveis pelos temperamentos mais instintivos, e menos intelectuais, os *Núcleos* atraem principalmente um temperamento mais intelectual e menos instintivo.

Os *Núcleos* são o desenvolvimento das obras suspensas no espaço que venho realizando desde que transformei a pintura do quadro para o espaço. Essas obras suspensas são do conhecimento do público, já que foram expostas ano passado. Os *Núcleos* são também suspensos, porém não só como uma peça, mas são constituídos alguns de 6, outro de 12, outro de 19, outro até de 26 peças. A meu ver constituem a consequência da pintura-quadro transformada em pintura no espaço, organizando-se aqui em núcleos, sugerindo mesmo a ideia de uma "pintura nuclear". Não cabe também aqui a explicação teórico-estética da ideia. Acho, porém, que são uma inovação importantíssima na integração da cor em novo contexto estético que não o "quadro", para mim ultrapassado, constituindo ainda um "suporte" para o desenvolvimento da cor. É, na verdade, a integração dos elementos cor, tempo, espaço numa nova estrutura.

Além disso realizei já em tamanho natural um *Penetrável*, não para exterior pois é realizado em madeira e tinta comum industrial, mas como uma peça habitual de arte.

A denominação "Cães de Caça" para o projeto, vem do critério que estabeleci para a nomenclatura desses projetos, ou seja, nomes tomados a constelações e nebulosas, como se faz em projetos atômicos, sendo "Cães de Caça" o nome de uma nebulosa espiralada.

Pode-se argumentar contrariamente ao caráter "geométrico" dessas obras, como algo ultrapassado no desenvolvimento da arte contemporânea, ou demasiado ligada a Mondrian ou excessivamente "formalista", quando se procura uma arte "informal". Digo aqui que considero tais hipóteses como superficiais e descabidas, fruto da falta de profundidade que reina em geral nas artes plásticas brasileiras. Na verdade essa diferença, "geometrismo" de um lado e "informalismo" de outro, é uma diferença superficial relativa à forma exterior que apresentam as obras em questão e não quanto à sua gênese, o que é realmente importante. No fundo a diferença é apenas de dialéticas. Essas obras não são, pois, "geométricas", mas tomam aparência de tal, pois querem exprimir o puro espaço desenvolvendo-se no tempo, constituindo, ademais, a evolução vinda desde Malevitch e Mondrian, via neoplasticismo. Estão, porém, para Mondrian, assim como o cubismo para Cézanne. Possuem ligação dialética, mas já constituem outra coisa que de modo algum é um epígono e sim algo novo e autêntico.

Posso, pois, ao mesmo tempo que compreendo e admiro como um grande criador um artista como Wols, admirar, sem atritos, uma grande criadora como Lygia Clark, e considerar e sentir ambos como representantes de uma época; ou Fontana e Magnelli, ou Schoffer e Pollock etc.

A arte na verdade é universal e corresponde a um plano cósmico da existência humana, e quanto mais universal for, mais mescladas estão as diferenças puramente dialéticas que são elevadas a um plano de pura vivência cósmica, maior ou menor segundo o caso, permitindo assim, e só assim, o puro exercício criador do espírito.

*

Sobre os *Bólides*

(SEM CRÉDITO)

Sobre os
Bólides

(SEM CRÉDITO)

Entrevista realizada em 1965,
por ocasião da Bienal de São Paulo,
para a revista *Artes*.

Como você argumentaria com o público intrigado diante de seus *Bólides* na última Bienal de São Paulo?

Informar na medida do possível o público é algo justo, necessário; fazer sentir, vivenciar uma obra é impossível de maneira direta, a não ser pela apresentação da mesma. Um argumento com o público seria então o calcado na atitude de "fazer vivenciar" a obra, apreender intuitivamente o seu sentido profundo. Para isso precisariam jogar de lado o intelecto e mergulhar na intuição, diretamente com a obra. Os *Bólides* requerem em geral a participação do espectador, que passa então a participador.

Temos assistido ao desenvolvimento de uma concepção de arte totalmente nova. Você como artista de vanguarda e intelectual nos poderia dar seu ponto de vista relativo aos fundamentos e ao critério de valores da nova estética?

A arte muda sim, mas faço questão de frisar que não concebo um 'nova estética', mas justamente o contrário: elaborar, definir o que conceituo como antiarte. Para mim os conceitos de arte como uma atitude fixa, contemplativa, acabaram – não podemos mais conceber "estéticas", mas sim um *modus vivendi* do qual se ergueram novos valores ainda nebulosos. O precário, o ato, o 'fazer-se', tomam sentido como valores a considerar: mas o principal é a não formulação de "leis" para a arte ou algo assim. A época do racionalismo dominante chega a seu término: daqui por diante o intelecto aparece como parte de uma concepção de uma totalidade da vida e do mundo, na qual aparece a arte como impulso criador latente da vida. Não se trata pois da "arte" como objeto supremo, intocável, mas de uma criação para a vida que seria como que uma volta ao mito, que passa aqui a ocupar um lugar proeminente nessa totalidade. Esse mito seria regido por 'estados criativos' em sucessão no indivíduo e na coletividade – não se quer o 'objeto arte', mas um 'estado', uma predisposição às vivências criativas; um incentivo à vida. Logicamente também estariam desacreditadas todas as supostas 'novas morais' em oposição às antigas, tendendo a uma antimoral.

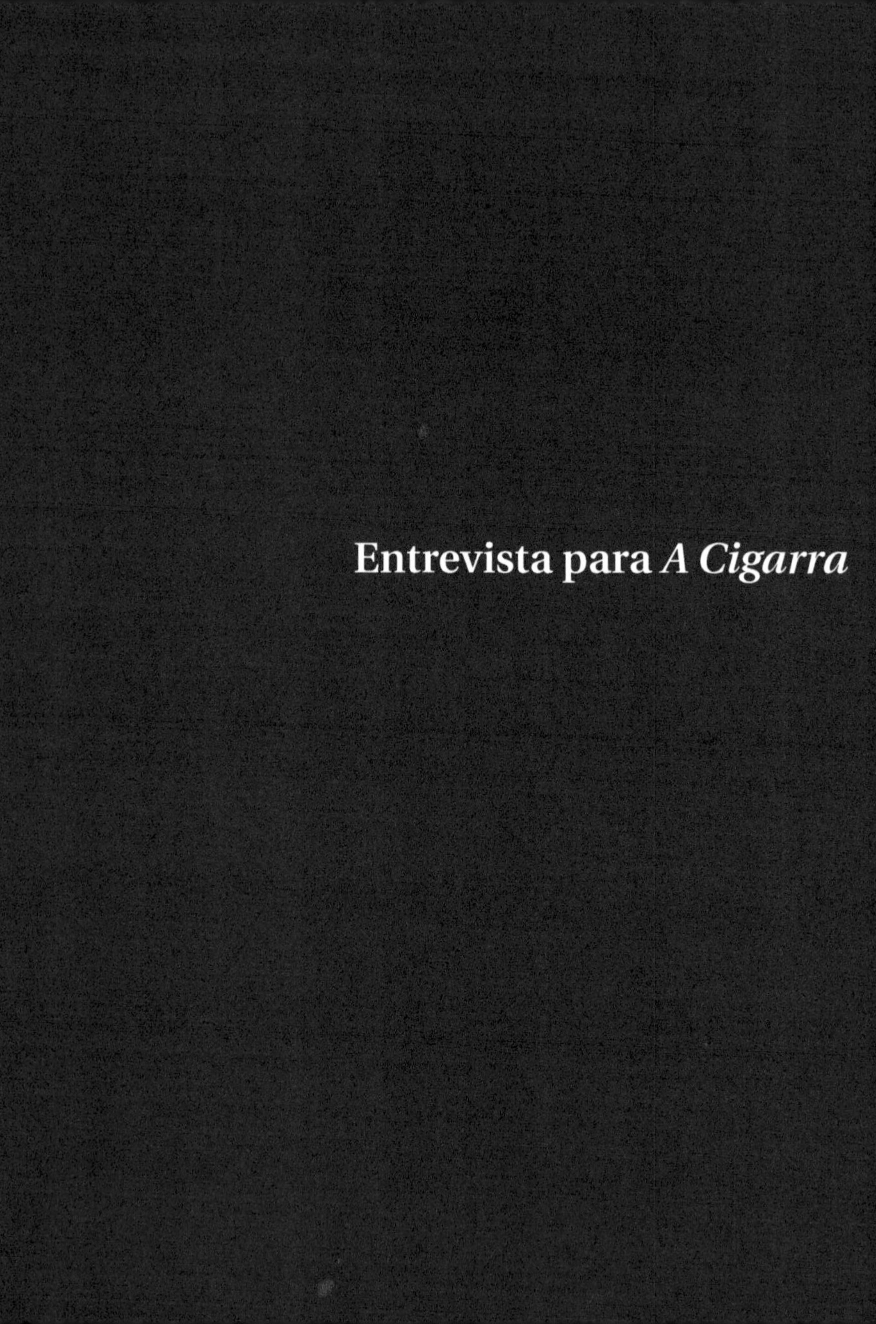

Entrevista para *A Cigarra*

POR MARISA ALVAREZ DE LIMA

Entrevista para
A Cigarra
POR MARISA ALVAREZ DE LIMA

Publicada originalmente na
revista *A Cigarra*,
em 20 de julho de 1966.

Quando nasceu?

A 26 de julho de 1937.

Começou quando, como e por quê?

Comecei em 1954 com Ivan Serpa levado por meu pai, pois já estava pintando por conta própria. No ano seguinte fazia eu parte do Grupo Frente, a vanguarda de então.

Considera-se pintor, escultor ou gozador?

Um pouco destas três coisas e ao mesmo tempo nenhuma delas.

Que materiais utiliza?

Para cada tipo de trabalho o seu material – isto vai desde a madeira à terra crua, vidro, água, pigmentos, cola vinílica, pedra, carvão, espuma, conchas etc. Tudo o que há no mundo poderá ser o meu material.

Que mensagem pretende trazer – ou não haverá mensagem?

Nenhuma – a minha mensagem é a obra não formulada – cada qual cria o seu conceito, a sua vivência ao contato com a obra; mas uma mensagem preconcebida seria fatal ao próprio sentido primeiro da obra.

Você é um anarquista?

De corpo e alma.

Que representa a arte para você?

Algo em transformação que vai dar no que chamo antiarte.

Que é, em poucas palavras, antiarte: é o que você prega?

Sim, a antiarte é a proposição da fusão criador-espectador, pela participação deste na obra daquele, no sentido de criar as significações correspondentes à mesma.

Que me diz das "apropriações"?

"Apropriações" são coisas ou conjunto de coisas, de que me aproprio no mundo declarando-as obras: isto se dá pela identificação criada entre o que chamo sentido estrutural (que cada artista possui) e a coisa apropriada.

Estará você querendo destruir todo um conceito de arte-artista?

É exatamente isto – chega de posições privilegiadas para "arte" e "artista": não podem mais pertencer a uma "elite": ou participam da coletividade ou morrem com sua posição *beaux--arts* antiga e improdutiva.

Que é arte ambiental?

Arte ambiental é a derrubada do conceito tradicional de pintura-quadro e escultura, já que pertence ao passado, para a criação de "ambientes" – daí nasce o que chamo de antiarte.

Em seu trabalho existe a crítica político-social?

Esse lado somente agora começa a ser desenvolvido, principalmente nas capas *Parangolé* e nos *Bólides-Poema*, nos quais já surgiam os sentidos de ordem poético-subjetivos. Veio-me então a necessidade dessa crítica social e política. Tenho em plano realizá-las em colaboração de outros artistas (poderiam não ser artistas também), como estou fazendo agora com Gerchman e Lygia Clark.

Que é *Parangolé*?

Parangolé representa toda a proposição ambiental a que cheguei – inicialmente usava o termo para designar uma série de obras: capas, estandartes e tenda, nas quais formulei pela primeira vez a teoria que viria desembocar no que considero antiarte. *Parangolé* é a volta a um estado não intelectual da criação e tende a um sentido de participação coletiva e especificamente brasileiro: só aqui poderia ter sido inventado.

Qual a maior dificuldade entre artista e povo?

É justamente a barreira criada durante séculos de monopólio da "elite" sobre a arte; mas o inevitável está acontecendo: a derrubada desse monopólio e o descrédito das chamadas "elites sociais" e "intelectuais". Uma nova era, que chamo antiarte, está começando: é a era da grande participação popular no campo da criação.

Como reagirá o povo sob o impacto dos conceitos que prega?

Não penso propriamente em reações, mas em escolhas de participação, em geral os que nada entendem no sentido inte-

O inevitável está acontecendo: a derrubada do monopólio e o descrédito das chamadas "elites sociais" e "intelectuais". Uma nova era, que chamo antiarte, está começando: é a era da grande participação popular no campo da criação.

lectual são os que mais assimilam no sentido real: por exemplo, o pessoal da Mangueira está mais apto a isso do que o que frequenta *vernissages*, suas opiniões são as mais interessantes. É necessária apenas uma introdução gradativa na obra, uma iniciação; o resto qualquer pessoa possui: intuição.

Não estará esta arte mais intelectualizada do que quer parecer?

Ser intelectualizada na origem nada tem a ver com o resultado no sentido coletivo da apreensão dessa mesma arte, pois ela propõe uma atitude geral de participação; por exemplo, a arte gótica, ultraintelectualizada na sua origem, propunha uma atitude de religiosidade geral que atingia a grande massa popular na Idade Média. Hoje a proposição tende a ser a da participação livre, criativa, logo algo acessível a todos; a grande diferença em relação ao problema gótico, por exemplo, seria o de que lá ainda era uma casta considerada superior (Igreja e Estado) que impunha uma ideia, ainda que geral e de grande amplidão, à massa do povo; aqui o problema é posto às avessas: a participação de cada um é que dá sentido à obra, sem ideia ou moral preconcebidas.

E não poderá parecer aos menos avisados um escárnio, um deboche?

Escárnio e deboche o são aos conceitos sociais e morais vigentes nos grupos atuais em nosso meio, mas não no seu sentido intrínseco.

Terá você o propósito de escandalizar?

Esse problema não existe, pois minha formulação é muito mais profunda: sua origem é ética, existencial, daí a sua força e o seu impacto.

O que falta ao desenvolvimento das artes no Brasil?

Mais coragem, talvez. Mas, segundo Mário Pedrosa, já se pode falar numa Escola do Rio de Janeiro, nova em relação ao que se faz em Londres, Paris ou Nova York, e isto é muito importante!

Você é pelo indivíduo ou pela coletividade?

Pelos dois: para mim não pode haver separação; são apenas duas polaridades numa totalidade social.

Onde será sua próxima exposição, e quando?

Pretendo, antes de Londres, realizar minha *Manifestação Ambiental n. 2* que constará de *Penetráveis*, capas e estandartes, num abrigo tipo Pavilhão de São Cristóvão e na rua – lançarei aí o *Parangolé* social e o *Parangolé* poético – será lá por dezembro; aguardem!

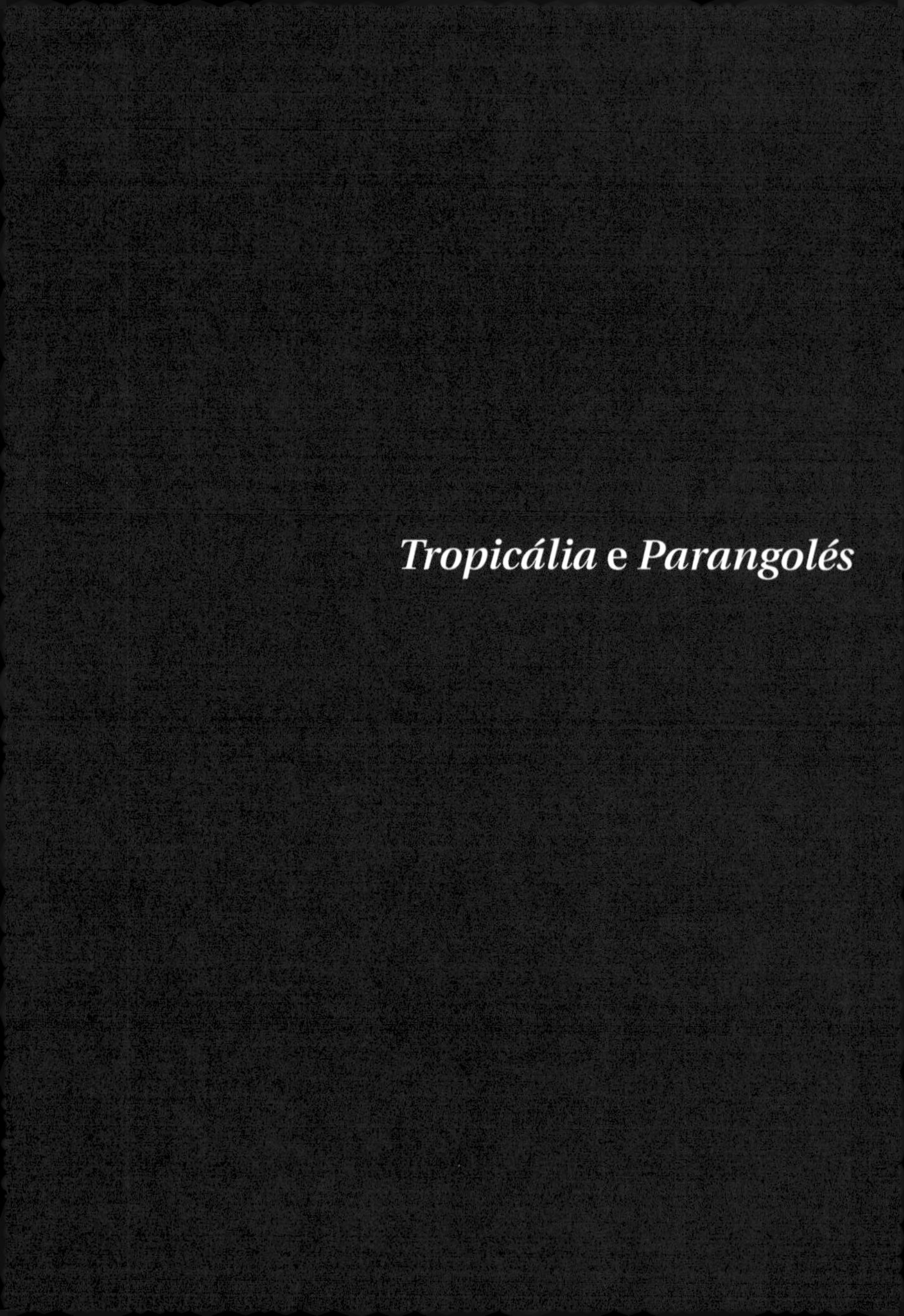
Tropicália e Parangolés

POR MARIO BARATA

Tropicália e *Parangolés*

POR MARIO BARATA

Publicada originalmente no
Jornal do Commercio,
em 21 de maio de 1967.

Que acha do ambiente atual das artes no Brasil?

A tentativa de criar um agrupamento das várias tendências de vanguarda, que culminou com a "nova objetividade", nasceu de uma necessidade urgente de dar unidade e força a cada uma dessas tendências, colocando-as num plano de considerações mais geral e fundamental. Para mim, essa tentativa ainda não chegou à sua plena consequência: notava-se na exposição do grupo um certo ecletismo, um certo desacerto, perigoso na unidade total. A meu ver, só com a consciência de equipe chegaremos a algo importante; por enquanto, de importante só individualidades, ideias e realizações individuais de certos artistas. O sentido maior de equipe ou de um trabalho de alcance coletivo, só agora começa a ser tentado.

Hélio, que atuação poderá ter o *Parangolé* na Bienal de São Paulo?

Caro Mario, tenho um plano para realizar manifestação coletiva com as capas *Parangolé* nessa Bienal (talvez no *vernissage*), aliás, desde a anterior em 1965. Por motivos imperiosos não o consegui naquela, mas pretendo ver se será possível agora. Os presentes seriam solicitados a vestir cada capa: para introdução das mesmas usaríamos a música, que é claro, seria o samba (com conjunto Samba 90 que fundei com os mais importantes sambistas da Mangueira). Isto, nós o fizemos no MAM do Rio em Opinião 65 (agosto 1965), mas com resultado ainda precário, se bem que tenha escandalizado a todos na época. Agora, tenho mais elementos para a concretização de algo: novas capas poéticas, além das capas sociais com Rubens Gerchman (talvez tenham sido os primeiros trabalhos em equipe, mesmo que de dois, realizados aqui). Não se trata de um *happening*, mas de uma tentativa de devolver as prioridades criativas para as ruas, para uma coletividade: neste ponto, mais do que um *happening*, seria a proposta de uma antiarte; oposta inclusive aos conceitos que regeriam o próprio sentido de Bienal e ao mesmo tempo sua salvação: elas, as Bienais, ou vão para propostas de ordem ampla, coletiva, ou cairão num academicismo universal, uma espécie de ONU das artes, o que seria lamentável e já começa a acontecer.

Quando serão os próximos *Parangolés*, no Rio?

Faremos nova experiência dia 21 (hoje), às 16 horas, no anfiteatro do Aterro da Glória. Levaremos as capas *Parangolé* para que o público faça sua experiência vestindo-as. Às pessoas que lá comparecerem serão solicitadas criações de sua autoria para a manifestação seguinte quinze dias depois, e assim sucessivamente.

Quais as consequências ou desdobramentos que você pode tirar da *Tropicália* na exposição da *Nova Objetividade*?

A experiência da *Tropicália* foi, para mim, fundamental no que desejo levar adiante. Sentia eu uma necessidade premente de dar ambientação a uma série de *Penetráveis* que venho realizando. No *Projeto Cães de Caça*, em 1960, os *Penetráveis* (labirintos com ou sem placas movediças nos quais o espectador penetra, cumprindo um percurso), criavam uma espécie de jardim abstrato, onde além de obras minhas havia o *Teatro integral* de Reynaldo Jardim e o *Poema enterrado* de Gullar. Afora, a necessidade de criar um ambiente tropical, do qual florescessem *Penetráveis*, também me veio como uma ideia de incluir nele obras de outros artistas: altar de Gerchman, caixas-viveiros de Pape, poemas-objeto de Roberta Oiticica, objetos lúdicos de Escosteguy. Mas, infelizmente, só foi possível realizá-la, incluindo os poemas-objeto de Roberta, por vários motivos. O resultado, para mim, foi de absoluto sucesso quanto às possibilidades e as ocorrências aí verificadas: para entrar em cada *Penetrável* era o participador obrigado a caminhar sobre areia, pedras de brita, procurar poemas por entre as folhagens, brincar com araras etc. – o ambiente criado era obviamente tropical, como que num fundo de chácara, e, o mais importante, havia a sensação de que se estaria pisando a terra. Esta sensação, senti-a eu anteriormente ao caminhar pelos morros, pela favela, e mesmo o percurso de entrar, sair, dobrar "pelas quebradas" da *Tropicália*, lembram muito as caminhadas pelo morro (lembro-me aqui de que, um dia, ao saltar do ônibus ao pé do morro da Mangueira com dois amigos meus, Raimundo Amado e sua esposa Ilíria, esta observou de modo genial: "Tenho a impressão de que estou pisando outra vez a terra" – esta observação guardei para sempre, pois revelou-me naquele momento algo que não conseguira formular apesar de sentir e que, concluí, seria algo fundamental para os que desejarem um 'descondicionamento' social). Dois elementos, pois, importantes para mim na minha evolução, contavam aqui de modo firme: o 1º seria o de criar ambientes para o comportamento, ambiente este que envolveria as 'obras' e nascesse em conformidade com elas; o 2º referente ao próprio comportamento do participador, baseado no seu contato direto com o tal ambiente, nas suas experiências perceptivas globais que resultam no próprio comportamento. Não quero isolar aqui as experiências sensoriais, vivenciais etc.; este seria o lado esteticista da coisa; quero é dar um sentido global que sugira um novo comportamento, comportamento este de ordem ético-social, que traga ao indivíduo um novo sentido das coisas. O ambiente é propositalmente antitecnológico, talvez até não-moderno nesse sentido: quero fazer o homem voltar à terra – há aqui uma nostalgia do homem primitivo. Este caráter já era, nas obras isoladas, sugerido: coloquei aqui dois *Penetráveis*, nos quais estão presentes o problema do mito (característica do coletivo) e o da absorção do homem moderno pela avalanche informativa e imagética do nosso mundo. No *Penetrável* maior, o participador entra em contato com uma multiplicidade de experiências referentes à imagem: a tátil, fornecida por elementos dados para manipulação, a lúdica, a puramente visual (*patterns*), à do percurso (o 'pisar' também estaria incluído na tátil), até chegar ao fim do labirinto, no escuro, onde um aparelho de televisão (receptor) encontra-se ligado permanentemente: é a imagem que absorve o participador na sucessão informativa, global. Considero isto como um exercício experimental da imagem, a tomada de consciência, pela experiência de cada um que penetre aí, de que o mundo é uma coisa global, uma manipulação das imagens e não uma submissão a modelos preestabelecidos (Pedrosa). Estas obras são obras de transformação pelas quais pretendo chegar ao outro lado do conceito de antiarte – a pura disponibilidade criadora, ao lazer, ao prazer, ao mito do viver, onde o que é secreto agora, passa a ser revelado na própria existência, no dia a dia.

Os poemas-objeto de Roberta são como que inscrições no material que lhes dá a completa significação – a frase, o poema, estão inscritos numa estrutura-objeto: o tijolo, o isopor, o concreto, a madeira: não se sabe onde começa o material a ser poema ou passa este a ser material. Estes poemas-objeto, entretanto, pedem um lugar (isto já acontecia nos não-objetos de Gullar, de outro modo), um ambiente onde devem ser achados, como algo secreto, no seio dele. Esta relação é adquirida depois de o poema ser inscrito, ser 'escondido' ou colocado, fugindo assim a certas implicações literárias de cunho surrealista (aliás os surrealistas fizeram poemas-objeto, mas o sentido destes procurava ser sempre relacionado a problemas literários-vivenciais etc.). O subjetivo, a mensagem, a revolta encontram-se presentes aqui, num novo contexto experimental.

Dessas premissas, resolvi verificar as reações, sensações, experiências no decurso da exposição; descobri algo importante: a informação estava contida na própria ambientação; as obras, se isoladas em seco, não comunicariam a plenitude do seu sentido; o ambiente criado não era, pois, algo gratuito, superficial ou decorativo como poderia parecer aos menos avisados, mas a completação dessas obras. Por isso é que, dizia eu, certas obras pedem um ambiente; por exemplo, o altar de Gerchman, obra em si magnífica, ficou perdida, sem a mínima informação que pudesse introduzir a ela o participador. As proposições novas de Gerchman exigem um comportamento do participador: ajoelhar, entrar dentro e carregar estruturas (nova obra ainda desconhecida do público) etc., aliás já começara ele isto com as marmitas, feitas para serem transportadas de um lado para outro etc. Mas, para que alguém delas participe, é preciso uma introdução que não pode ser somente verbal, terá que ser total, ambiental. Para isto, a meu ver, cada obra deverá exigir uma introdução diferente. O mesmo se dá com os poemas-objeto de Lygia Pape. Está ela agora fazendo viveiros, formigueiros etc., que não poderão de modo algum serem expostos em pedestais como o foram na exposição no MAM, arriscando assim a perder as conotações que possuíam ou possam vir a possuir na mudança do contexto. São experiências complexas, muito ricas no seu conteúdo subjetivo, expressões do que chamo antiarte. Gerchman, aliás, tem um plano ambiental de uma 'cidade' que pretende construir numa sala total: está mais do que na hora de executá-lo, o que dará um sentido completo e revelará as tremendas potencialidades de suas experiências. Pelas observações dos participadores, aprendemos que o ambiente informa também: um dizia, na *Tropicália*: 'parece que estamos no morro'; outros tremiam de medo e voltavam da metade do labirinto; na cabine onde estava inscrito 'A PUREZA É UM MITO' as reações eram as mais variadas imagináveis (pena não poder gravar as opiniões ou não termos anotado); até que, por fim, nosso caro Jean Boghici teve a vivência completa da própria ideia da *Tropicália* sem ter eu nunca lhe dito nada sobre ela. Assim como Boghici conseguiu expressar, intelectualmente é verdade, o sentido da experiência, a meu ver, outros, mesmo sem possuir a informação ou mesmo a inteligência dele, poderiam sentir, expressar de outro modo, este mesmo sentido: em verdade, essas experiências não se dirigem ao intelectual ou a uma elite informada, mas a todos, a uma coletividade. A prova é que muita gente que lá esteve, deu opiniões importantes que revelavam conteúdos sempre relacionados com a experiência de imagens a que me referi antes.

A manifestação coletiva, se bem que em pequena escala, realizada a 7 de maio, dentro do recinto da *Tropicália*, incluindo então as capas de *Parangolé* que realizo desde 1964, que foram vestidas, sentidas, desdobradas pelos participadores, veio-me revelar algo importante e confirmar outros pontos: essas manifestações do *Parangolé* (ou ensaios para o *Parangolé Coletivo*), terão que crescer aos poucos, não como um *happening* sofisticado (ainda algo para uma elite, ou 'contra' essa elite), mas como uma sucessão de comportamentos que se verificam em cada proposição: "veste isso", "entra aí", "pisa por aqui" etc., são proposições que nascem no decurso da manifestação, de improviso, referentes ao comportamento individual de cada um; o problema, pois, de se 'dirigir' a determinado grupo, ou elite, ou intelectualidade, está aqui abolido. Isto é uma experiência para ser feita em contextos coletivos cada vez maiores, sem preparação prévia de querer fazer ou obter determinado resultado. É, pois, certíssima a afirmativa de Pedrosa quando diz que o homem culto é absorvido pelo mundo das imagens e da informação, é apenas um manipulador de imagens e não mais um criador de modelos: o modelo agora, cada um cria o seu segundo suas aspirações e desejos. Nesta manifestação apareceram as primeiras "obras" criadas por 'não-artistas': um grupo de moças do Estácio fez roupas com as quais se vestiu, com pano e modelo por elas inventados e escolhidos. Algo surpreendente aconteceu: a moda, o mau ou bom gosto, não existem – tudo depende da invenção livre, espontânea: chegará o dia em que cada pessoa fará sua roupa segundo sua percepção e vontade, segundo sua aspiração: talvez tenha sido aqui pela primeira vez formulado tal problema. O corte, as vestimentas em sua totalidade, pela ingenuidade com que foram feitos, resultaram em coisas audaciosas que só certos costureiros (talvez um Courrèges) teriam coragem de executar, mesmo assim apelando para o 'exótico'. Quero aqui dar os nomes, como informação, dessas moças, as primeiras a criarem algo para o *Parangolé Coletivo*: Rosemary e Rosenely Souza Mattos, Helena e Lúcia Cardoso. Nova experiência faremos dia 21 de maio, às 16 horas, no anfiteatro do Aterro da Glória. Levaremos as capas *Parangolé* para que o público faça sua experiência vestindo-as. Às pessoas que lá comparecerem serão solicitadas criações de sua autoria para a manifestação seguinte quinze dias depois, e assim sucessivamente. Quero fazer voltar o *Parangolé* ao gênio anônimo coletivo de onde surgiu, e com isso jogar fora os probleminhas de estética que ainda assolam nossa vanguarda em sua maioria, transformando a pequenez desses problemas em algo maior, que seria a transformação do próprio conceito e da abordagem do que seja arte. Por isso adoro as expressões coletivas como as Escolas de Samba: ninguém sabe quem inventou isto ou aquilo (a não ser as composições musicais, é claro); o importante é o todo onde cada um dá tudo o que tem. Minha experiência como passista da Mangueira é fundamental para que eu me lembre sempre disto:

cada qual cria seu samba com improviso, segundo seu modo e não seguindo modelos; os que o fazem seguindo modelos não sabem o que seja o samba ou sambar. Que inveja aos criadores da chamada 'arte' e das estéticas: se quiserem fazer algo importante tratem de levar em conta de que a expressão de moldes acabou. Mário Pedrosa tem razão: o último gênio neste sentido foi Picasso, e o tempo de Picasso já passou há muito!

Qual será sua participação na Bienal de Paris?

Mario, a minha participação na Bienal de Paris será com as novas capas que estou realizando, em geral com caráter poético e usando materiais daqui: esteiras do Nordeste, aniagem, juta etc. Há como que, neste novo conjunto, um "abrasileiramento" dos materiais e do sentido mesmo da coisa nossa, da terra, antitécnica ou "bem acabada": são feitas a mão, da maneira mais primária. Quero com elas repor o sentido principal do *Parangolé*, para evitar a estetização do mesmo. Há um fenômeno que anda acontecendo: certas descobertas são absorvidas e esteticizadas posteriormente, tirando ou confundindo muitas vezes o caráter inovador da coisa. Isso se deu com as caixas (como copiam as minhas, e principalmente as de Gerchman e até seus títulos), criando uma verdadeira "estética das caixas". Isto de tentar absorver o que é autêntico e vanguarda possui um caráter veladamente fascista. Assim fazem-se já uma "estética do vestir", procurando-se criar um "sensorialismo" de ordem esteticista, ou "estética do penetrar", fazendo-se cabines com charme. Cuidado pessoal: a imaginação criadora é o que resta e será libertação de tudo: convencionalismo, opressão social, domínio individual etc. Se for suprimido isto pela cópia, pelo plágio, imperará a famosa burrice mussoliniana, para o que a classe dominante está armada com poderosas inteligências e promoções. Essas novas capas possuem, além do mais, o caráter de revolta e de protesto: é a necessidade mais atual do *Parangolé*.

*

Sobre a retrospectiva em Whitechapel Gallery

POR GUY BRETT

Sobre a retrospectiva na Whitechapel Gallery

POR GUY BRETT

Entrevista realizada em Londres, em fevereiro de 1969. Tradução de Renato Rezende.

Eu comecei com um tipo de participação que se focava especificamente nos sentidos, o sentido do toque, o sentido visual. Embora eles sejam interpenetrados, você pode separá-los. Mas nos novos *Penetráveis*, no ambiente que eu chamo de *Éden*, isso não é possível, porque agora não há uma estrutura adaptada a uma participação específica, mas uma espécie de proposição para um *comportamento*.

Um dos *Penetráveis* em *Éden* é uma cama envolta por sacos na qual o espectador entra engatinhando e se deita. Lembro-me de um amigo que deitou na cama. No início, ele entrou por curiosidade. Então ele permaneceu lá por um longo tempo, e depois quis fazer uma para ele. Mas ele nunca foi capaz de explicar. Talvez ele não soubesse porque ele queria uma porque, numa perspectiva objetiva, ela é completamente inútil. Eu não liberei nele imagens específicas, apenas uma sensação geral de lazer. Neste sentido, ela funcionou como um espelho, um instrumento para reflexão – embora não uma reflexão ótica.

Imagens são frequentemente usadas para oprimir. Elas também podem ser retiradas e repetidas sem reflexão. Acho que muitos artistas, mesmo quando têm pessoas participando diretamente de coisas, apenas querem distraí-las. O cinema é o mais usado para isso. São eventos de lazer, mas condicionam as pessoas a uma ideia específica de lazer, na verdade, um estado de suspensão, para que possam voltar ao trabalho depois. O lazer não é usado por si mesmo, mas para tornar o trabalho mais suportável. Em *Éden* você deve perder a noção de horas de trabalho e horas de lazer.

Acredito que o ato de se deitar é a maneira mais fácil de liberar a imaginação, porque é a menos usada pelo entretenimento de distração. Você se deita apenas se quer dormir ou descansar – para recarregar suas energias, que pode estar relacionado a recarregar as energias para suportar o trabalho, mas também pode ser para uma outra coisa, para sonhar. Não quero chamar isso de meditação, porque formas orientais de meditação já foram transformadas em divertimento ou passatempo, socialmente controladas em clubes e coisas assim, onde elas perderam muito de seu poder.... As pessoas estão sempre buscando resultados. Na arte moderna, a evolução tem sido encontrar cada vez mais o *processo* da criação, retornar a ele. Pois o processo de apreensão da obra de arte se tornou por demais separado do processo criativo. A própria participação deveria ser algo implícito, a apreensão de um processo e não de um resultado. De fato, em *Éden*, o que você retira do trabalho depende do que você oferece a ele. Não é um tipo de comportamento que pode se tornar estereotipado, como a forma de participação em rituais. Queria um tipo de participação diferente de rituais, que emergisse diretamente do comportamento diário, desta forma as coisas criadas seriam submetidas a transformações à medida mesmo que fossem apreendidas, e não apresentadas como soluções de problemas. Elas *nunca* devem ser percebidas como uma necessidade, uma necessidade imediata. Como se fossem necessidades orgânicas.

Um prazer direto. No *Penetrável-água*: é como retirar os sapatos e entrar no mar ou num lago. Você apenas faz isso quando deseja profundamente fazê-lo. Estes *Penetráveis* estão relacionados a tipos de *desejos necessários*. Não divertimento, ou algo fora do ordinário, mas muito comum. Esse é o verdadeiro sentido no qual eles são feitos, uma forma de liberar certos desejos fundamentais. As pessoas se aproximam do fogo para se aquecerem – mas antes a necessidade de se aquecer é o desejo imediato, o prazer que o fogo proporciona.

Os *Penetráveis* em *Éden* diferem um do outro. Eles se originam de sua própria experiência?

Antes de fazer estas novas cabines, eu tive a ideia de me 'apropriar' de lugares que gostava, lugares reais, onde eu me senti vivo. De fato, o *Penetrável Tropicália*, com sua multidão de imagens tropicais, é uma espécie de condensação de lugares reais. *Tropicália* é um tipo de mapa. É um mapa do Rio e é um mapa da minha imaginação. É um mapa no qual você entra.

Mas eu acho que o mais importante agora é a ideia de que as pessoas devem construir seu próprio ambiente. Em *Éden* eu traduzi experiências pessoais em algo aberto. De fato, aquelas cabines são todas parecidas. São todas baseadas numa sensação de *lazer* – um lugar onde se deitar, onde pensar. A areia, a palha, você se deita ou permanece de pé, são apenas acessórios para algo que sempre se relaciona a uma condensação de percepções; estar numa situação onde você pode liberar dentro de você mesmo algumas coisas essenciais. Eu apenas poderia fazê-las desta forma porque foi assim que eu senti, e no entanto eu odeio quando minhas experiências são mostradas em grande detalhe, como se o artista estivesse dizendo, 'olhe só o que eu achei', 'veja a minha nova ideia', e as pessoas são encorajadas a participar para divertirem-se.

A ideia dos *Penetráveis* em parte se originou em meus sentimentos por dois cômodos na casa onde cresci. Eram banheiros. Um era todo pintado de laranja, e o outro azul. Entrar na água nestes dois cômodos era algo muito agradável. É patético que nas casas modernas o banheiro seja o único lugar reservado, onde o indivíduo possa se sentir livre de opressão. Tenho certeza que os povos primitivos são mais conscientes da necessidade de privacidade. Os aborígines australianos têm uma atividade que denominam 'hora do sonho', na qual abandonam a vila e vagariam sós pelo deserto. Eles não sabem para onde estão indo...

Você acha que *Edén* se parece com uma aldeia primitiva?

As cabines são bastante generalizadas, elas não objetivisam nada muito claramente. De fato, em suas formas externas elas não são coisas primitivas. Eu utilizei todos os tipos de materiais que são aceitáveis do meu ponto de vista, para mim eles são imediatamente aceitáveis. Alguns são primitivos, alguns são modernos e sofisticados. Todos eles criam a mesma sensação; embora os materiais sejam diferentes, todos eles se relacionam com algo muito generalizado, indefinível, rústico. A ideia de *sensações diretas* poderia ser chamada de primitiva, mas essa é uma falha nossa, na verdade elas são fundamentais. Não faço uma distinção entre elas e viver no mundo tecnológico. Acho que os desejos de um homem primitivo numa tribo da África e os de um homem muito sofisticado devem ser os mesmos.

Entrevista para o *Pasquim*
(com Capinam)

COM LUIZ CARLOS MACIEL, FLAVIO RANGEL,
MARTA ALENCAR, PAULO FRANCIS, NELSON
MOTTA E SERGIO CABRAL

Entrevista para o *Pasquim* (com Capinam)

POR LUIZ CARLOS MACIEL, FLAVIO RANGEL, MARTA ALENCAR, PAULO FRANCIS, NELSON MOTTA E SERGIO CABRAL

Publicada originalmente no *Pasquim*, em 6 de agosto de 1970.

[Maciel] **Antes de mais nada, eu quero registrar que essa é a primeira entrevista d'o *Pasquim* feita sem uísque ou qualquer outra bebida alcoólica. Isso é um exemplo pra novas gerações. Eu queria perguntar pro Hélio por que ele e Capinam andam tão amigos.**

[Hélio Oiticica] É porque nós estamos trabalhando juntos. Fizemos esse show com Gal e Macalé. Eu acho ótimo esse negócio de não ter bebida alcoólica porque eu suporto tudo menos álcool. Sou contra alcoólatras. Depois que eu morei em Bowery, eu jurei que nunca mais boto uma bebida na boca.

[Maciel] **A ala velha d'o *Pasquim* protesta, mas a ala jovem apoia. Eu queria que você falasse um pouco do trabalho que vocês estão fazendo. Capinam, como poeta, e você, como artista plástico.**

[Hélio] Eu não me considero artista plástico. Eu acho isso uma limitação que não me interessa. Eu acho artes plásticas uma coisa muito furada, em certo sentido. Hoje em dia, você não pode fazer muita divisão entre uma coisa e outra. Nesse show que nós fizemos, dizer que eu fiz a parte plástica seria uma coisa simples demais porque eu acho que todas as ideias devem ser uma coisa só. Não sei se dá pra entender. É uma pretensão incrivelmente ambiciosa, mas o meu trabalho sempre girou em torno disso. Não é integração das artes, que é uma ideia furada da época de balé russo. Não me interessa integração das artes, simplesmente não existe a divisão.

[Maciel] Eu vou voltar à pergunta sobre o seu trabalho com o Capinam. Quais são os pontos de contato entre vocês dois?

[Hélio] Primeiro foi em torno do trabalho de Caetano e Gil. Começou tudo com aquele negócio de Tropicália. Capinam sempre teve um contato muito grande com os poetas concretos de São Paulo e eu sempre tive uma relação de trabalho com eles. Toda a minha obra saiu do concretismo e neoconcretismo. Já havia uma irmandade secreta entre nós dois, uma afinidade de ideias, formação etc.

[Flávio Rangel] Capinam, tem uma série de escritores que dizia que não gostava de conversar com escritores, preferia conversar com pintores. Você acha que esse negócio tem algum sentido?

[Capinam] Eu não sinto isso assim não. A aproximação com Hélio vem de uma identidade, de um trabalho que ele desenvolve em outro setor, mas que representa o que nós tentamos fazer em poesia, em linguagem literária e em música também. Se esvaziou muito o número de pessoas com quem a gente podia conversar, ter um diálogo de identidade. Se esvaziou por vários motivos, ida opcional ou forçada. Ficaram poucas pessoas com quem a gente podia ter um diálogo e o Hélio foi uma dessas. Isso obrigou a

Eu não me considero artista plástico, acho isso uma limitação que não me interessa. Eu acho artes plásticas uma coisa muito furada, em certo sentido. Hoje em dia, você não pode fazer muita divisão entre uma coisa e outra. Nesse show que fiz com o Capinam, dizer que fiz a parte plástica seria uma coisa simples demais, porque eu acho que todas as ideias devem ser uma coisa só.

gente a forçar mais a unidade dos que restaram pra manter um pouco a energia que cada dia se esgota mais e obriga também a sair cada dia mais gente.

[Sérgio] Eu queria saber como vocês começaram a trabalhar, como aconteceu isso, objetivamente.

[Capinam] Foi na época em que Gil e Caetano despontaram, na época do auge do tropicalismo e o Hélio já desenvolvia essa linguagem, fazia *Parangolés* etc. Todo este tipo de explosão marginal de uma porção de coisas que não eram aceitas, não eram acadêmicas, passou a surgir em música e houve uma aproximação de todos os setores em torno desse grupo. Então, poetas como os concretistas, que representaram uma vanguarda que não é mais atual, pelo menos em termos de criação, passaram a se ligar a esse trabalho. Isso arregimentou todo mundo: Hélio, de artes plásticas, Augusto de Campos, Haroldo, Décio Pignatari, o pessoal de poesia concreta, que foi uma arregimentação ultraimportante para a implantação do trabalho de Gil e Caetano, pois os concretistas é que melhor desenvolveram um trabalho crítico e de pesquisa sobre linguagem que significou o primeiro apoio às manifestações revolucionárias do grupo, ainda José Celso, cuja montagem de Oswald de Andrade, *O rei da vela*, serviu para o clima que precisávamos para realizar as coisas novas de que falávamos entre nós, e vale ressaltar que as letras e músicas feitas para o filme *Brasil ano 2000*, de Walter Lima Jr., (embora o filme só fosse exibido após o período de sucesso do tropicalismo), foram praticamente os primeiros trabalhos feitos por mim e por Gil em busca de uma linguagem nova.

[Martha Alencar] Hélio, você acha que tem condições de sobreviver aqui no Brasil? Sobreviver num sentido mais amplo. Você encontra com quem falar, pra que fazer as coisas. Você acha que dá pra sobreviver?

[Hélio] Eu acho que dá, mas eu não sei até quando. Agora acontece um fato estranhíssimo. Eu abro meu caderno de endereços e vejo vários buracos, várias pessoas que eu costumava encontrar todo dia não existem mais. Umas foram embora, outras morreram. Eu tive a sorte de viajar porque, senão, seria uma coisa muito dura. Eu tenho condições, mas é uma coisa que precisa de um esforço duplo.

[Sérgio] E você, Capinam?

[Capinam] Eu sinto o negócio cada dia mais apertado. Todos os meus amigos com quem eu converso pensam em sair, ou falam em saída, o que dá no mesmo. Eu não tenho muitas condições de sobrevivência aqui, fazendo o que eu faço. Não há condições nem de uma sobrevivência imediata, econômica, nem de uma sobrevivência no sentido de fazer o que eu quero fazer culturalmente. Eu, por exemplo, adoro o Rio e acho que além da Bahia só Rio daria pé de viver e trabalhar. Mas sinto que o Rio está diferente, sufocante, as famílias falidas, dissolvidas, as pessoas de mau humor, carregando um bode imenso nas costas, militarizadas, pragmatizantes, pouco esportivas e violentas. A mentalidade carioca está ficando reacionária. O que eu temo é isso: é que esteja sendo implantada uma mentalidade sufocante neste país.

[Francis] Hélio Oiticica, dê uma explicação racional do que você faz. Ou você abdicou da racionalidade?

[Hélio] Eu acho que é impossível haver uma explicação racional de todas as coisas. Eu acho que toda a parte de racionalidade é muito relativa, principalmente em relação a trabalho individual e criador. Explicação racional é uma história bem comprida. Eu não sei se você quer saber especificamente sobre o que eu penso no momento, ou se é sobre o passado.

[Francis] Você acha que a criação artística expressa o quê? Tem alguma conexão com a realidade? É sintoma, ou reflexo da sociedade, ou mera extravasão da cuca?

[Hélio] Eu acho que trabalho criador não é nem sintoma nem reflexo da sociedade. Pode ter alguns sintomas e alguns reflexos, mas não é uma coisa e outra. Eu acho que o trabalho criador propõe uma nova sociedade. É exatamente aí que eu acho que todo o esforço criador tem um lado marginal, um lado marginalizado, é uma coisa que nunca está condicionado ao que existe, ao que é, ao *status quo*. Por isso que eu acho que não pode ser nem sintoma nem reflexo.

[Francis] Capinam, você já foi um poeta certinho, igualzinho a todos os outros no vasto balaio de mediocridade de nossa literatura. Você desistiu porque se convenceu disso, ou por quê?

[Capinam] Eu não desisti não. E nunca vou poder ser um poeta certinho, só se me abotoarem, sou um poeta que editou seu próprio livro e rejeitou as imposições da literatura instalada. Meus poemas uma vez foram recusados pela Civilização Brasileira porque o Geir Campos depois de revisá-los encontrou erros de boa técnica; eu próprio editei o livro conservando os erros. Nessa época também argumentavam que poesia era um negócio deficitário, e deve ser porque se fazem livros acadêmicos de poesia, mas nesta mesma época escritores vivos patrocinavam a edição de suas obras completas. Não sou nada desistente, continuo um bicho que trabalha com palavras, mas numa acepção pouco universitária de poesia, enfrentei as opções de meu trabalho e saí pra outra. Um poeta certinho outro dia me chamou e me aconselhou que eu só estava sendo conhecido como sambista. É, é isso mesmo, velho, eu sou muito vivo.

[Francis] Música tem nacionalidade identificável?

[Capinam] Eu acho que não. O caminho da música moderna, da música pop, por exemplo, é de perder este valor. Vai acabar este sentido de que uma cultura tem uma programação estética e que você possa identificá-la através de cada um de seus representantes individuais. As manifestações folclóricas podem ter, mas a partir de uma autoria pouco interessa se Caetano tem linguagem brasileira ou inglesa, se Gil é mais africano do que brasileiro, se os nossos românticos são mais europeus que o cacete a quatro etc.

[Flávio] Você acha o Paulinho da Viola um poeta?

[Capinam] Acho. É ótimo, talvez um dos melhores, um dos maiores poetas líricos daqui. A renovação da lírica, da poesia literária, está sendo feita por Paulinho da Viola.

[Flávio] Eu também acho. Você acha que ele é isso porque ele tem uma tradição literária, a poesia dele é ligada a certas raízes tradicionais, ou você acha que ele renovou? Se você acha que ele renovou, o que é que ele renovou?

[Capinam] Eu acho que a linguagem de samba é uma linguagem de reportagem, isto é ótimo, ela não tem nenhum distanciamento do fato que conta, se envolve, ao contrário de uma poesia mais sofisticada, como a de bossa nova, a de Vinicius, que já é representante da coisa contada por uma terceira pessoa, criando um outro sofredor pra história que não mais ele, poeta. Os poetas de morro se identificam com a própria aventura que contam, eles são os heróis traídos. Eu acho que o Paulinho é inovador no sentido de fazer uma poesia que está muito ligada ao morro, na maneira como ele fala da coisa, e ao mesmo tempo tem um registro mais moderno de linguagem de samba. Pra mim Paulinho é isso, tanto no sentido literário como musical, é um novo registro do samba e através disso ele é um inventor dentro do samba, o que é muito difícil. Eu não acho isso do Martinho da Vila, por exemplo. Eu não sou contra, mas eu acho que o que ele faz contribui para a morte do samba, ou pelo menos pra mantê-lo como um negócio subserviente.

[Sérgio] Subserviente a quê?

[Capinam] Subserviente, no caso, é ficar na área que já foi determinada pra ele atuar.

[Sérgio] Há quanto tempo você não sai na Mangueira e por quê?

[Hélio] Porque eu estava viajando. A última vez que eu saí foi no último campeonato, aliás bicampeonato. Eu estava em Londres, num inverno horrível.

[Sérgio] Eu quero registrar que o Hélio é um dos mais ilustres passistas da Mangueira. Mas, você vai sair ainda?

[Hélio] Eu gostaria. Antigamente, eu gostava mais porque ninguém sabia quem eu era – Eu era Hélio de tal, tinha apelido. Eles me davam roupa e tudo. Os passistas eram privilegiados.

[Marta] O pessoal da Mangueira sabe quem você é?

[Hélio] Agora sabe. As pessoas falam, pessoas como Sérgio Cabral.

[Sérgio] Eu te conheci como passista. Eu nem sabia quem você era.

[Hélio] Eu sei, eu sei.

[Sérgio] Porque você é um grande passista.

[Hélio] Isso é verdade. Vou te contar, eu sambo bem demais. Nem vem porque eu era um dos melhores. Era e ainda sou. Da ala Vê se entende, morou?

[Flávio] Você é um passista tradicional ou está atento às inovações que o Salgueiro fez?

[Hélio] Eu acho que essas inovações não são tão inovações assim, porque os passos, lambretas, são coisas que existem em musicais americanos desde os anos trinta ou antes. Quer dizer, a inovação é introduzir isso na Escola.

[Flávio] Você acha então que o que é bom para a Broadway é bom para o Salgueiro?

[Hélio] Pode ser. Eu acho bonito as alas fazerem isso. Eu nunca fiz, primeiro porque esse negócio de branco, para os passos, eu já sou muito branco e isso não me agrada nada. Segundo, que a gente branca fazendo passo, você já vê, está por fora. A minha facilidade é que eu tenho um sentido de ritmo muito grande e nunca errava. Podia ser sem graça, mas eu tenho um ouvido muito bom e samba no pé como ninguém na Mangueira, quase ninguém. Antigamente, Maria Helena e eu, você conhece Maria Helena, não é? Aquela maravilha como nunca houve. Ela, ao meu ver, é a maior sambista que já houve, é lindíssima, da Mangueira. Nós éramos muito amigos e íamos a tudo quanto era clube, éramos anunciados: Hélio e Maria Helena! A gente sambava a noite inteira, eu chegava todo dia de manhã em casa. Eu conheço esse subúrbio carioca como ninguém conhece. Até na rádio de Caxias, eu já sambei. Tremenda barra pesada, todo mundo de revólver na cintura. A minha barra é bem pesada, sabe?

[Sérgio] Na sua opinião dá pé um artista plástico fazer um trabalho numa escola de samba?

[Hélio] Dá. Eu adoro essa alegoria antiga que tem nas escolas. Agora, eu acho que Escola de Samba dá pra tudo, entende? Só não dá pra quem não samba.

[Flávio] Se você pudesse dirigir uma escola, qual o tema que escolheria?

[Hélio] Eu escolheria, pra princípio de conversa, uma coisa que não tivesse nada a ver com o Brasil; porque eu não aguento mais ouvir falar nesse país.

[Maciel] O que você acha dessa campanha: Brasil: ame-o ou deixe-o?

[Hélio] Eu não acho não. Eu, por exemplo, não quero deixar. Eu amo o Brasil; agora, eu jamais seria a favor do Brasil enquanto ele não é igual a mim. Eu acho daí uma coisa muito furada. A sigla é das mais nazistas que apareceram, mas enfim as épocas andam, *time is changing*. De modo que a barra está pesada demais e é melhor a gente mudar pra outro assunto.

[Flávio] Você acha que a Inglaterra sempre primou pela vanguarda?

[Hélio] Não, eu acho que a Inglaterra nunca primou pela vanguarda. A arte moderna inglesa é uma droga.

[Sérgio] Capinam, estão dizendo que a música popular no Brasil está em crise. O que você acha?

[Capinam] Eu acho que está tudo em crise, não é só a música popular, não. Tem crise de criação. Tem crise no cinema, no ambiente de trabalho, em música, a crise é geral. Em música existe. Por exemplo, Gal é uma cantora que está numa dificuldade incrível de fazer um disco porque não encontra músicas que estejam perto da coisa que ela quer fazer. Tem que se gastar muita energia para se fazer um simples trabalho. Um show simples, como foi aquele de Gal na Sucata, gastou uma energia enorme. Você não pode dar nenhuma dica, esperando que ela dure mais tempo, porque ela é rapidamente consumida, diluída. Você tem uma ideia e diz aqui, agora, e saem mil pessoas fazendo e o resultado já não tem nenhuma ligação com a sua ideia. Você tem que estar fabricando ideias todos os dias sem ganhar nada por isso.

[Sérgio] Quer dizer que estão fazendo um sub do que vocês estão fazendo?

[Capinam] Estão sim. Eu acho que em toda manifestação tem diluição, tem repetidores, golpistas. Existe.

[Sérgio] Pelo seguinte – tem coisas que a gente manja quando é sub e quando não é. Tem um menino, o Diniz, não é porque ele fala n'o *Pasquim*, não, mas eu acho que ele é bom. O que você acha?

[Capinam] Eu não conheço bem. Só estou ouvindo um sucesso dele, esse que você está falando aí, que foi inspirado numa carta do Caetano; mas eu não o conheço bem pra dizer o que ele significa. Mas também não estou falando no sentido de deduragem. Não estou fazendo nenhum critério de bom ou de mal. O que eu chamo de sub é um negócio paralelo que existe, mas não é bem aquilo que a gente queria fazer.

[Nelson] Tem um projeto, que já está quase aprovado, de execução de 70% de músicas brasileiras em rádio e televisão e 30% de música internacional. Como você encara isso: paternalismo burro, ou um negócio útil? Como pode representar isso para a música brasileira, principalmente em termos de caitituagem?

[Capinam] Eu li uma crítica a isso no *Jornal do Brasil*, que eu achei sensata. Mas acho que controle de qualidade não deve existir. Estabelecer desníveis culturais, proibir a veiculação de determinadas músicas de má qualidade, seria o problema do Flávio Cavalcante, que fica dedurando Teixeirinha. Nada disso, eu acho que a briga é para todos. É paternalista no sentido da medida do INC de aumentar a exibição de filmes nacionais.

[Sérgio] Você é contra o INC?

[Capinam] Não. Eu acho ótimo. Eu só acho que essa posição não deve vir sustentada por um princípio de defesa do lado estético da música brasileira. No sentido comercial, eu acho perfeito, um bom paternalismo. Agora, no sentido de se criar uma defesa da cultura, proteção de padrões de linguagem, acho que é babaquice. Acho que a medida do INC pode resultar, a longo prazo, numa tremenda crise econômica. Mas imediatamente acho necessária.

[Flávio] Há alguns anos atrás foi feita uma lei, segundo a qual pra cada duas peças estrangeiras tem que ter uma brasileira. Essa lei começou e ela não melhorou o nível estético da coisa, mas os empresários de teatro perceberam, aos poucos, que as coisas que funcionavam mais, junto ao público, eram as peças brasileiras. Mas havia essa defesa da lei. Então, hoje, as peças que mais funcionam, que têm mais público são as peças brasileiras. Isso independe da qualidade delas. Você acha que essa lei causaria a mesma coisa para a música brasileira?
[Nelson] Eu posso completar isso. Mesmo agora, a venda dos discos brasileiros é superior a dos estrangeiros. Hoje, a execução como está, já é superior à venda no mercado.

[Capinam] Eu acho que isso modifica muito as coisas, sabe? Inclusive pode dar um resultado de qualidade muito maior. Por exemplo, em cinema, o que eu sinto é que todo mundo está partindo pra produzir filmes. Os exibidores, que sempre foram os inimigos do cinema nacional, vão produzir filmes nacionais agora. Eu acho que isso obriga, pelo menos a uma renovação de nomes.

[Sérgio] Se essa lei passar, a influência estrangeira na música popular vai cair pra 30%. Você, que acha essa influência saudável, como é que vai ficar com a redução que a lei vai impor?
[Capinam] Não, essa influência não será medida pelo percentual permitido. E acho ótima a influência estrangeira. Mas o que eu acho é que essa lei deve vir acompanhada de outras medidas com relação à organização das sociedades de direito autoral. Isso é a maior baderna, a maior bagunça. Eu já recebi direitos por músicas que eu não fiz e por músicas que eu nunca gravei mas me pagaram. Enquanto deixo de receber pelas gravadas. Os caras são totalmente desorganizados. Os caras têm que introduzir, por exemplo, nas sociedades, os computadores pra ver se o negócio funciona melhor. Se não houver computação ninguém

vai receber direito o dinheiro que lhe cabe. Geralmente, a forma de pagamento é na base dos nomes dos compositores e não na base da realidade, das músicas que o cara tem e foram tocadas. Nunca recebi nada que considerasse correto com relação às minhas músicas.

[Sérgio] Hélio, o que você acha de Djanira, Di Cavalcanti e Aldemir Martins?

[Hélio] Rapaz, eu não sei... você queria que eu dissesse o que, hein? Eu não sei falar sobre as pessoas. Realmente, eu não estou interessado na pintura brasileira, me causa tédio. Agora, eu acho que cada um está na sua, eu acho que eles estão sempre na deles.

[Flávio] Capinam, o que você acha de Camões, Carlos Drummond de Andrade e Sá de Miranda?

[Capinam] Eu acho o Drummond importantíssimo em termos de modernização da linguagem da poesia brasileira. Não é mais hoje, não me interessa mais. Eu não estou lendo mais Drummond, mas quando eu lia, eu achava fantástico, como acho Camões e Sá de Miranda.

[Sérgio] Vamos falar de música popular: o que você acha de Ataulfo Alves, Adelino Moreira e Luiz Gonzaga?

[Capinam] Eu omitiria dois e ficaria com quem eu acho que representa os outros dois, ou pelo menos resume em termos de forma que é muito mais forte, que é o Luiz Gonzaga. Acho o Luiz Gonzaga um dos caras mais importantes da música popular brasileira e ao lado dele só tem João Gilberto, a barra tem que ser essa. Que é gênio também. Eu acho o Ataulfo um excelente compositor de música branca.

[Sérgio] Música branca? Explica isso que eu não entendi.

[Capinam] Só existe um músico negro no Brasil, que é Gilberto Gil. O resto está numa faixa muito boa de música branca.

[Sérgio] A música de escola de samba é música branca?
[Capinam] É sim.

[Sérgio] Me dê cinco exemplares de música branca e cinco de música negra no Brasil.
[Capinam] De música negra só tem um no Brasil, que é o Gilberto Gil. O resto, tudo é música branca, sendo que o papa da música branca é o João Gilberto.

[Martha] O João Gilberto então é o branco mais branco?
[Capinam] Não nesse sentido que você está falando. Assim vai ficar muito aquela frase de Vinicius. O branco mais preto.

[Sérgio] A música do Luiz Gonzaga é branca ou é negra?
[Capinam] Eu acho que o Luiz Gonzaga independe de critério. É um Deus.

[Sérgio] Então define música branca e música negra.
[Capinam] Eu acho que vocês entenderam o que eu falei. Toda a definição vai ficar incompleta. Se eu definir não vou falar o que quero dizer. Vocês já sabem o que é.

[Sérgio] Você está a favor da música negra ou da música branca?
[Capinam] Eu estou a favor da integração das raças.

[Sérgio] Hélio, você é um artista brasileiro de muito prestígio, foi pro exterior etc. Agora, você voltou e o que é que você está fazendo aqui? Como é que você está se virando pra viver?
[Hélio] Eu estava trabalhando com o Antônio Carlos Fontoura num filme dele, *Cangaceiro eletrônico*. Eu passei um mês em

Nova York e cheguei há uma semana. Eu fui porque me deram passagem e estadia. Foi uma experiência genial, mas eu não tinha meios de continuar lá. Eu já passei um ano em Londres nas condições mais precárias. Cheguei em Londres com dez dólares no bolso e fiquei um ano, não me pergunte como, porque é um mistério. Eu estou esperando o resultado de uma bolsa porque eu acho que é importante jogar pra fora muita coisa do trabalho que foi feito aqui, exportar, jogar pra fora. Eu acho que isso é uma coisa que dá uma força muito grande ao trabalho. É uma coisa que reinforma todo o processo local e, ao mesmo tempo, não acho que seja uma maneira de diluir. Você não pode dizer que bossa nova não continue a ser uma coisa brasileira.

[Flávio] Você acha que a pintura acabou?

[Hélio] Acho. Pintura é cor das coisas. Pintura, quadro, essa história, acabou. É uma coisa que não me interessa. Acho que a pintura e a escultura são duas coisas que não existem mais.

[Flávio] Quer dizer que esse negócio de amarelo de Van Gogh também morreu, acabou?

[Hélio] Não, quer dizer, isso daí é arte, é pintura daquela época. Eu digo agora, no momento atual, eu acho que qualquer brincadeira... quer dizer é a mesma coisa de tachismo com rabo de burro pintado, ou esse negócio de máquina fazendo, projetando pintura na rede, aliás, de projeção, eu estou farto. Está todo mundo fazendo as mesmas projeções. A única interessante que eu vi foi uma de Bob Dylan que é um negócio que a gente nem via. Era um negócio meio leparciano, assim, geometrizado, parado. Tinha um outro negócio que cortaram, era um cac(*) gigante que tinham feito num palco, mas aí, não sei, alguém deu um jeito de estourar. Não convinha a Bob Dylan, talvez aparecer ao lado de um cac(*). Era bacana à beça; todo amarelo. Mas aí estouraram, quem fez é um cara chamado Mike, o Nelson Motta conheceu ele também.

[Flávio] Você não venderia um trabalho seu pra uma galeria?

[Hélio] Talvez. Eu venderia sob condição. É difícil explicar. O Soto, quem representa ele é a Marlboro, uma galeria poderosíssima. Quem faz as exposições, os contratos, essa é a Marlboro. Ele não pode mexer muito. Tem um contrato.

[Flávio] Quando o Nelson Rockefeller esteve aqui, comprou coisa pra burro. Comprou alguma coisa sua?

[Hélio] Não. Mas eu vendia. Quanto mais dólares os americanos nos derem, de presente sem sobrar impostos, melhor. Nessa exposição em Nova York, o Rockefeller ficou uma fúria porque tinha um negócio contra ele. O Hans Haacke, um artista alemão, fez um negócio que a pessoa tinha que botar "sim" ou "não". Não lembro direito a pergunta, era um negócio de política interna americana, a qual ele me enche o saco. Então, o Rockefeller estava perdendo, porque todo mundo é contra ele. Era *freak out*. Era todo mundo contra, então ele perdeu e foi fazer uma visita de cortesia e entrou dentro de uns *Ninhos* que eu fiz. Eram uns *Ninhos* que as pessoas tinham que rastejar por dentro, eram vinte e oito *Ninhos*. Na inauguração houve umas tre (*) dentro dos *Ninhos*. Acho que foi abafado pela diretoria do Museu, eu só soube uma semana depois. Eu vi que alguma coisa tinha acontecido.

[Nélson] E a função dos ninhos é essa?

[Hélio] É, pode ser. Tinha um anúncio lá, que dizia assim "Enter the nest at your own risk"; aí puseram: "Enter and fuck".

[Sérgio] Capinam, quando uma música tua é submetida do júri do Flávio Cavalcanti você morre de medo?

[Capinam] Não, morro de rir. Acho que não significa nada.

[Nélson] Você morre de pena do Flávio?

[Capinam] Também não. Eu acho que a gente devia ter em mão um pouco do poder que ele tem.

[Sérgio] Se o Flávio te convidasse para ser júri do programa dele, você toparia?

[Capinam] Não, nem com um bom cachê. Eu não sei fazer julgamento, dar nota e punir, sancionar. Eu desisti de fazer Direito no terceiro ano. E já me recusei a participar de vários júris de festivais porque detesto julgar seja lá o que for, detesto Arcanjos. Eu não faria parte, acho aquilo um teatro, uma babaquice. A marmelada do *catch* é mais real.

[Sérgio] Hélio, por que você deixou o cabelo crescer?

[Hélio] Eu não sei. Você sabe, quando eu fui para Londres já estava ficando assim meio grande a ponto de quase levar pedradas. Não sei, eu gosto, eu acho gostoso o cabelo chegar assim no pescoço. É gostoso sentir um troço.

[Sérgio] É econômico.

[Hélio] Essa coisa já é... Tinha uma época em que eu cismei, cortava o cabelo, depois eu cismei que tinha que ficar mais negro. Então, resolvi cortar o cabelo todo. Já aí entrava o velho racismo, sambístico, o sentido de inferioridade. Eu me sentia inferior pelo fato de cor, principalmente no Brasil. Eu queria ser negro, completamente negro.

[Flávio] Você acha que o exercício da crítica é uma consequência da cultura? A crítica te interessa?

[Hélio] Toda posição crítica me interessa e todas as posições culturais que possam ser posições críticas.

[Flávio] Há no Brasil alguma posição crítica que te interessa?

[Hélio] Acho que sim.

[Flávio] Quem, por exemplo?

[Hélio] Por exemplo os concretos paulistas, Ferreira Gullar, em determinadas coisas, e Mário Pedrosa.

[Flávio] Há algum crítico que tenha entendido a intenção do seu trabalho? Não o resultado, mas a proposição dos seus trabalhos?

[Hélio] Mário Pedrosa. Toda a minha influência, no começo, foi Mário e Gullar.

[Capinam] A crítica não pode te dar de volta exatamente o que você fez.

[Sérgio] Para você qual é o maior cantor brasileiro?

[Capinam] Eu gosto de muitos cantores brasileiros. Eu acho que tem uma porção por aí. Gosto de Orlando Silva, adoro Augusto Calheiros, João Gilberto, adoro Gal, gosto muito de Caetano. *Charles anjo 45*, cantada por Caetano, é uma das gravações mais perfeitas que tem aí. Anísio Silva, eu adoro.

[Sérgio] Hélio Oiticica, você acha que o cinema novo já era, é da antiga?

[Hélio] Isso aí, rapaz, eu não sei. Pra dizer a verdade eu não conheço tanto sobre cinema novo como você possa imaginar. Eu acho que as pessoas do cinema novo continuam fazendo. A mim não interessa muito o cinema novo. Quer dizer, interessa e não interessa ao mesmo tempo. Eu jamais faria cinema novo. Eu gosto de ver os filmes, gosto da maioria.

[Sérgio] Você acha que o Glauber Rocha já era?

[Hélio] Não sei. Não acho que ele já era. Eu acho que ele está vivo, fazendo coisas. Eu não posso falar muito sobre isso. Glauber está fazendo o quê nesses dois últimos anos? Eu realmente não posso, não entendo, não sei nada sobre Glauber. Eu vou opinar sobre coisas antigas? Não posso. Eu não acho que já era. *Deus e o diabo na terra do Sol, Terra em transe,* dois filmes incríveis.

[Sérgio] Quando nós perguntamos sobre a aproximação de vocês, você citaram vários exemplos, como José Celso no teatro e não citaram cinema. O cinema brasileiro no momento está dividido. Tem uma parte, Julinho Bressane, Rogério Sganzerla, que estão esculhambando o cinema novo. Vocês ficam com quem?

[Capinam] Eu fico com tudo. Eu não vi, por exemplo, o filme do Julinho. Vi o do Sganzerla e gosto do cinema que ele faz, mas gosto também do cinema do Glauber. Acho *Terra em transe* um grande filme, maravilhoso.

[Marta] Você não acha que entre nós existe uma tendência muito grande a radicalizar? Quando surge algo de novo, de repente, todo o resto passa a ser velho?

[Hélio] Olha, eu queria falar um negócio que eu sempre achei. Anunciam há vários anos a morte de Roberto Carlos em *Fatos e Fotos,* de modo que aqui a loucura é a seguinte: a pessoa surge e logo a morte dela é decretada. Isso é uma coisa muito brasileira. As pessoas têm que acabar depressa. Eu acho legal a crítica de Julinho, Helena, Rogério, Neville ao cinema novo, eu acho fantástico. Da mesma forma há hoje a tendência a criticar a bossa nova. Mas isso não quer dizer que não seja. Vou te contar, cada vez que eu ouço uma música de Tom, eu acho fantástico. Eu não tenho mais isso, não acho isso não, essa coisa tão radical. Há um certo racismo cultural. Eu ficaria mais com Rogério.

[Capinam] É um comportamento muito mais vital.

[Hélio] *O anjo nasceu,* do Julinho, *A mulher de todos,* do Rogério, *Jardim de guerra,* do Neville, eu acho filmes muito importantes.

[Flávio] Eu sempre achei que um artista, quando começa a dominar o seu meio de expressão, isso é uma questão de tempo, não é verdade? O Brasil, a gente conhece, tem gente lutando, fazendo filme. Joaquim Pedro fez vários, o último é sempre o melhor. O Glauber fez vários, o último é sempre o melhor. Por que então brigar entre nós na vertical em vez de brigar na horizontal? O fato de nós todos nos esculhambarmos, o pessoal de cinema, o pessoal de música, você não acha que está servindo aos outros? Você não acha que é isso mesmo que eles estão querendo?

[Capinam] Eu acho que não. Se você entra numa posição justamente de superar todas as contradições internas que você cria, você vai acabar se estratificando e isso é a morte. O que eles estão querendo é justamente isso. É que não haja essa discussão. Eu acho que o comportamento de Bressane é coisa muito mais vital e essa vitalidade é necessária porque assim ninguém para. Isso é justamente o que pode manter acesas as coisas. A cada hora tem que se identificar o que está apodrecendo do nosso lado.

[Flávio] **Mas o que é que está apodrecendo? É Joaquim Pedro? O cinema novo?**

[Capinam] Eu acho que tudo está apodrecendo. A partir de que você está aí, está apodrecendo. O comportamento de Sganzerla, nesse sentido, não é menos podre que o dos outros. Talvez seja até assumir isso, ou seja, a consciência disso. Não interessa. Eu sei que, como ele responde, é mais vital. Não posso explicar exatamente como. Não posso dar nenhuma medida aritmética, posso dar uma medida de sensibilidade. Pra mim é o que revitaliza, o que impõe movimento no negócio.

[Flávio] **Essa sensibilidade que você fala é uma necessidade tua ou é um tempo na criação artística?**

[Capinam] É um tempo. Eu preciso de apoio pra trabalhar aqui, agora.

[Flávio] Você já exerceu a extraordinária capacidade intelectual que você tem para analisar isso ou você está dopado simplesmente? Você está ligado a esse grupo mas eu acho que a linha de pesquisa que você faz, a linha de sensibilidade que você tem está mais ligada a Glauber, talvez a Oswald de Andrade.

[Capinam] Quando você fez essa pergunta, ela era mais política do que cultural.

[Flávio] Exato. Eu não separo as duas coisas.

[Capinam] Perfeito. O que me interessa é que essas pessoas, além de tomarem uma atitude diante do cinema, elas tomam atitude diante de outras coisas. Quando eles dizem que o cinema novo é um negócio furado, o que interessa não é saber se eles estão sendo justos nas afirmações. É que isso representa um comportamento mais revolucionário ou retoma esse comportamento que o cinema novo começa a perder. A medida que faz preferir esse tipo de atitude é a mesma que me faz preferir o cinema novo na época em que ele era criado, a medida de saber que isto manterá as coisas num clima mais vivo. Eu acho que precisa sempre isso, o cara que dinamita as coisas que você já considerou, que já está com elas. Se você dormir muito com as coisas que já estão prontas você se capa.

[Flávio] O nosso país é tão jovem, que a nossa geração não teve ainda a inteligência para captar certas coisas que poderiam ser elementos de pesquisa. Acho que o Glauber é elemento de pesquisa, João Gilberto também, eu não vou contestá-los. Eles estão exatamente na mesma linha em que eu estou. Você acha que o Julinho está contestando o Glauber porque ele acredita nisso ou porque é melhor para ele?

[Capinam] Não. Eu não sei desconfiar assim das pessoas.

[Flávio] Eu gosto muito do Julinho, mas acho que isso é uma

grande safarnagem com o Glauber.

[Hélio] Acho que é um grande amor ao Glauber Rocha.

[Capinam] Esta é a mesma acusação que fazem ao Caetano, a de usar roupa diferente para conseguir publicidade. Buscar a razão das coisas, assim absolutamente, tira a realidade delas.

[Hélio] Eu acho que eles acreditam no que eles falam.

[Capinam] Eu acho necessário inclusive assumir essa sinceridade.

[Sérgio] Vocês são contra a música popular brasileira?

[Capinam] Sou contra a música popular brasileira. Não existe música popular brasileira.

[Nelson] Papo furado. Papo furado.

Uma arte sem medo

POR GILSE CAMPOS

Uma arte
sem medo

POR GILSE CAMPOS

Publicada originalmente
no *Jornal do Brasil*,
em 29 de janeiro de 1970.

Hélio Oiticica chega da Europa, onde fez sucesso, viu coisas, conheceu gente, trabalhou muito. Em Londres, fez sucesso mesmo. Sua exposição na Whitechapel bateu o recorde de visitação pública. A imprensa compareceu elogiosa, e até a BBC de Londres levou ao ar, durante 20 minutos, um filme colorido da exposição. De lá, foi convidado a participar do Primeiro Simpósio de Touch Art em Los Angeles, voltando depois para a Inglaterra, onde ficou hospedado na Universidade de Sussex, onde desenvolveu um novo tipo de pesquisa. Tudo ia muito bem, os convites se sucediam, mas ele voltou. Diz que veio se organizar, voltar para o seu canto, para o berço.

Hélio, um rapaz muito novo, bem magro, cabelos longos e emaranhados, um olhar direto e uma voz sonora e meiga que diz as coisas com calma e segurança. Em sua casa no Jardim Botânico, de vista linda para a Lagoa, ele quer ficar quieto, arrumar seu *atelier*, ajeitar a bagagem que chega aos poucos, e começar a trabalhar.

Uma proposição

Em Sussex, Hélio desenvolveu, com grande êxito, uma experiência que pretende repetir aqui, o *Barracão*.

– Eu quero fazer uma comunidade enorme, uma coisa que seja totalmente construída pelas próprias pessoas, de uma forma totalmente orgânica. Por isso eu chamo *Barracão*, pois, embora eu não imite as favelas, é a forma de arquitetura que mais se aproxima de uma forma orgânica. Daí a analogia.

A comunidade do lazer. Ele explica.

– Quero fazer um lugar com palha, onde as pessoas possam ler, ouvir música. Todo mundo quando pensa em fazer uma casa, só se preocupa com o conforto padronizado. Tem necessidade de fazer poltronas, mesas, cadeiras. O máximo de liberdade é imitar um pouco a decoração japonesa, ou seja, cadeiras e mesas baixas, que a meu ver são muito mais orgânicas, como arquitetura e como vida.

– Eu, por exemplo, me sinto muito melhor quando num lugar como se fosse um ninho. Quando a pessoa estabelece uma relação afetiva com o lugar, pode criar muito mais, em todos os sentidos. E nessa comunidade, as pessoas poderiam criar da maneira mais primária e imediata. Não seria nenhum luxo, pois eu só disponho de condições paupérrimas.

Mas isto seria uma forma de arte?

– Não, é muito mais uma forma de vida. Porque se eu disser que quero criar uma nova forma de arte, a coisa vai ser deturpada. Ela se transforma em objeto. É mais importante a relação das pessoas com as coisas no sentido relação em si. Se você está fazendo um renovação formal, a coisa passa a ser um objeto de uma categoria especial. O que é *chato*.

Em todo caso, não deixa de ser uma arte de participação.

– Olha, toda a coisa que se fez em termos de arte de participação e arte sensorial caminha para uma nova fase de composição e não para a sucessão de invenções formais.

– Não me importa que as pessoas façam ou não pintura ou escultura. Apenas não me interessa mais como coisa viva. A mesma coisa em relação à arte de participação do espectador e arte sensorial. Acho que a criação tem que ser uma forma de conhecimento cada vez mais imediata. De modo que qualquer coisa que seja estabelecida ou aceita como categoria já está gasta.

Nega então a validade da participação?

– Para mim, a participação do espectador e introdução de elementos sensoriais foram importantes para a introdução de uma nova forma de comportamento (que é muito mais dirigido à vida diária), e não a criar uma nova forma de arte. Isso pra mim não interessa, acaba virando objeto.

Mas essa coisa de participação do espectador visa vencer a distância psíquica entre o espectador e a obra.

– Certo, mas uma vez que a participação seja estabelecida como categoria, a distância psíquica passa a existir outra vez.

A obra de arte

– A meu ver, o que entrou em crise e tem-se que modificar cada vez mais é a ideia de obra de arte, cada dia mais velha como conceito. E, nesse sentido, morta, porque não é mais uma forma de conhecimento imediato, e sim uma categoria que pertence a uma estrutura em decadência. O mesmo acontece com a chamada "crítica de arte."

Nessas alturas, exposições, galerias e museus perderiam o sentido.

– A ideia de *expor* acabou, essa ideia transforma a obra em objeto *de arte*, do contrário, não teria sentido algum participar

Os críticos de arte se limitam a paternalizar ou inventar teorias que não significam mais nada. Certos artistas criadores quando se expressam podem comunicar uma verdade muito mais total do que todas as teorias que são construídas. Ao crítico se exigiria que fosse criador, mas não é o que acontece.

da exposição, entende? A participação é limitada à ideia de exposição, porque depois a obra some de circulação. Agora, uma obra que é feita para uso público, um labirinto numa praça, por exemplo, tem um sentido mais vital como coisa atuante. Se esse mesmo labirinto fosse construído dentro de uma exposição, perderia o sentido, pois já estaria limitado a uma estrutura de exposição.

Alguma solução para o problema?

– Aí há duas soluções extremas. Uma seria as pessoas inventarem um tipo de comunicação que estivesse sempre ao alcance de cada um, ou então obras que fossem como grandes abrigos coletivos. Eu prefiro uma forma de comunicação nova, muito mais do que uma estrutura estática que fosse usada coletivamente.

Hélio construiu em Sussex uma grande comunidade, dentro da qual os estudantes faziam seus próprios *ninhos*, onde passavam a maior parte do tempo. Não seria uma estrutura estática?

– Ali há uma estrutura estática, mas ao mesmo tempo, há a proposição para um comportamento aberto em que cada pessoa está apta a desenvolver seu próprio modo de comunicação. A relação das pessoas com isto é que importa.

A busca da comunicação

– Quero procurar todos os meios de comunicação que sejam o desenvolvimento das experiências que nasceram da arte de participação e sensorial. Por exemplo, eu tenho uma ideia de uma experiência teatral aberta, na qual não existe plateia ou espectadores, mas simplesmente ideias e participantes nas ideias. Em música é fácil, ela própria estabelece essa relação. Em teatro, muitas experiências foram feitas, mas permanece a distância psíquica. A meu ver, o fato de se agredir o público não resolve nada. Foi importante, mas acaba virando redundância.

– O que eu quero na minha coisa é uma prática, mas que foge do sentido de ritual, porque os meios de introdução das pessoas nessa prática não está submetido a formas ritualistas, que poderiam cair numa coisa antiga. São antes baseadas em proposições abertas ligadas ao comportamento de cada pessoa.

E Hélio voltou disposto a começar a introduzir aqui esse tipo de experiência.

– Na Europa e Estados Unidos, há uma grande facilidade de se fazerem as coisas, o que não significa que é mais importante fazer lá. Por exemplo, no Brasil, as experiências de vanguarda que se vêm fazendo são de importância universal. Só que aqui elas de repente são diluídas numa espécie de dispersão geral, que as esvazia rapidamente.

Que elementos determinam essa dispersão?

– O excessivo paternalismo crítico e a conivência com formas antigas de expressão. De repente, os pensamentos mais acadêmicos começaram a aparecer lado a lado, com as ideias realmente inovadoras. Há uma excessiva generalização dos problemas, o que é perigoso. Também acho nefastas, hoje em dia, as estruturas dos salões e bienais, e o paternalismo da crítica de arte, que para mim acabou aqui.

Anula os críticos?

– Os críticos de arte se limitam a paternalizar ou inventar teorias que não significam mais nada. Certos artistas criadores quando se expressam podem comunicar uma verdade muito mais total do que todas as teorias que são construídas. Ao crítico se exigiria que fosse criador, mas não é o que acontece. Principalmente agora que a crítica de arte chegou a uma crise. Ou ela se transforma numa coisa viva, ou será esquecida, será uma coisa do passado.

✳

Mangueira e Londres na rota, Hélio propõe uma arte afetiva

POR NORMA PEREIRA RÊGO

Mangueira e Londres na rota, Hélio propõe uma arte afetiva

POR NORMA PEREIRA RÊGO

Publicada originalmente
na *Última Hora*, em
31 de janeiro de 1970.

Cabelos mais longos do que os de John Lennon ou Caetano Veloso, os mesmos vincos cavados na face magra por uma intensa vida interior, chegou de Londres Hélio Oiticica, faz uma semana.

Chegou na hora. Aqui nesta página os leitores têm encontrado em forma de debate ou depoimento o início de um balanço da arte brasileira nos últimos vinte anos. Depois de ouvir gente da poesia e do cinema estávamos querendo mesmo um elemento das artes plásticas. Hélio que tem uma posição chave na história da arte de vanguarda dos anos 1960 estourou aqui na hora de dar este depoimento.

Ele tem muito o que responder, por exemplo, ao que disse aqui Ferreira Gullar. Hélio foi seu companheiro de trabalho no movimento neoconcreto, os dois pensavam e discutiam juntos cada passo, cada nova exposição. Gullar acaba de lançar um livro onde coloca o problema da arte de vanguarda no Brasil. Nesse livro, ele praticamente repudia o trabalho que realizou nos últimos anos 1950. Hélio, pelo contrário, continuou as pesquisas sozinho. Em 1960, quando o neoconcretismo se dissolveu, Hélio era quase um menino (hoje tem 30 aproximadamente) e mesmo assim seguiu solitária e corajosamente suas pesquisas de modo que, em1965, quando os artistas plásticos brasileiros voltaram a se organizar em torno de um movimento inspirado na linguagem pop e na indústria, Hélio já tinha uma obra sua. Quando Vergara ou Roberto Magalhães falaram em sair da parede para o espaço, Hélio já tinha saído há muito tempo (já fizera as capas chamadas *Parangolés* que só existiam a partir do seu uso) e estava sendo descoberto por Guy Brett do *Time*, e por Paul Keeler, dono de uma galeria de arte de vanguarda em Londres. No ano seguinte Hélio já era um capítulo especial no livro *Kinectic art* organizado por Guy Brett e dois anos depois, isto é, em 1968, partia para Londres a fim de realizar uma exposição na Whitechapel, uma das maiores galerias de arte da Inglaterra, a mesma que lançou Mondrian e Pollock na Europa.

Hélio é uma figura maravilhosa, sua vida nada tem de comum e sobre essa vida tanto quanto sobre suas obras é que eu quero falar. Aliás, quem vai falar é ele, o filho de um ilustre professor e cientista chamado José Oiticica Filho, que morava bem no alto do Jardim Botânico numa casa espaçosa e moderna, mas passava a maior parte do seu tempo em Mangueira, onde ninguém sabia do seu lado artista.

Hélio desfilou três anos como um dos principais passistas em Mangueira e isso para ele nada tem de folclórico. Foi amigo de gente simples e de perigosos marginais, ia à casa deles, e levava- os à sua casa. O samba inspirou sua arte e sua vida. Sua exposição em Londres durou de fevereiro a abril, bateu recordes de visitação e teve um número de reportagens pouco comum na-quela cidade. Em julho do ano passado foi convidado a participar de um *simposium* que se realizou em Los Angeles sobre *Touch art.* Ele e Lygia Clark mostraram seus trabalhos a psicólogos, educadores e artistas interessados nessa nova jogada que é a arte do tato. Atenção pra ela que é uma boa pedida.

Recebam a Hélio como um irmão que voltou de uma longa viagem. Ele traz notícias de Caetano e Gil, traz uma grande sede de samba, de música de Roberto Carlos ouvida no rádio, da luz e da sensualidade do verão carioca. Vem pedindo só um pouco mais de sensatez, mas isso com muito amor.

Hélio, você é um dos poucos casos que temos de artista cuja formação é toda de vanguarda. Você estudou com Ivan Serpa em 1954 quando ele já estava no grupo Frente, não é isso? Só você pode responder a uma afirmação que o Ferreira Gullar fez a mim: antigamente ser artista de vanguarda dava miséria e anonimato, hoje isto dá glória e dinheiro.

Estou procurando o Gullar desde o primeiro dia em que cheguei. Falam muito no novo livro dele mas eu preciso ler antes de comentar. O que eu conheço é a *Teoria do não-objeto* que ele fez há mais de dez anos. Aquela era incrível, já continua inclusive o conceito de obra aberta. Parece que hoje o próprio Gullar chama essa teoria de formalista e eu preciso dizer a ele que não é não. E se ele está pensando que estou interessado em esteticismos e formalismos está muito enganado, quero justamente o contrário. Os artistas de hoje sabem que aquele tipo de vanguarda que consistia apenas em um progresso formal linear não dá mais pé. Quanto à história do anonimato... deixa eu ver: qual é a vantagem? Se quero me comunicar não posso querer ser anônimo! Glória não consegui, só respeito. Dinheiro também não, nunca vendi nada porque nunca fiz nada que pudesse ser vendido.

É verdade, Hélio, seu caso é muito especial, você entrou há dez anos numa jogada que só agora alguns artistas por aí afora estão entrando, que é confundir numa coisa só a arte e a vida.

Isto é fácil de falar mas difícil de acontecer. Da primeira vez que tive essa aspiração procurei uma forma ritualística: o samba. Mas samba só não transforma de repente a vida ou a arte de ninguém. Um dia lá eu consegui o que queria, o samba deixou de ser pra mim uma representação. Em Mangueira, na vida do morro eu descobri o meu caminho. Hoje arte para mim é comunicação pura, e toda a atividade que eu tiver será uma tentativa de comunicação.

O que mudou mais a sua vida, Londres ou Mangueira?

Eu me integro muito no ambiente em que vivo, assim, primeiro a gente do morro depois os *hippies* de Londres me ensinaram muita coisa.

Quando e por que você foi à Mangueira?

Você sabe, não é? Eu nunca sofri de ipanemia. Sempre achei o bairro muito família para mim. Desde 1963 procurei o morro e lá encontrei gente inteligente e livre da parafernália intelectual de Ipanema. Já em 1965 eu era um dos principais passistas da Mangueira e desfilava com roupa dada pela escola.

Qual foi o seu maior carnaval? O que você sentiu na avenida?

O maior foi o carnaval do iv Centenário. Fantástico, foi uma glória. Difícil sintetizar assim em poucas palavras tudo aquilo. Lembro que quando a bateria de Mangueira começava a tocar era como se me fosse dada a ordem para começar a viver. Mas você precisa saber que a vida de morro não consiste apenas em carnaval. Eu detesto folclore. Havia as noites nos botecos, os pequenos shows de subúrbio onde eu dançava para fazer finanças para a escola e todo mundo me tratava com tanta gentileza, eu me sentindo um representante de Mangueira.

Você voltou lá depois que chegou?

Fui sábado. Vi pessoas fugirem com horror do meu cabelo, outras fingindo que não me viam. Mas para algumas a minha chegada foi uma euforia. Ruim foi quando eu perguntei por Gerônimo e me responderam assim: Sete palmos debaixo da terra.

Gerônimo é aquele crioulo alto de cara redonda que aparece rindo com uma de suas capas *Parangolé* no catálogo de sua exposição em Londres?

É aquele mesmo, um dos maiores passistas de Mangueira. Com ele uma parte da escola morreu pra mim.

Que outras surpresas você teve depois que chegou?

Achei as pessoas muito loucas. Tudo muito ruim com elas e elas festejando sem parar. Não sei porque tanto festejo. Estou no maior pavor porque tenho que trabalhar e me organizar. Loucura pra cima de mim não! Sou malandro velho de Mangueira.

E em Londres, correu tudo bem?

Bem demais. Logo que cheguei fui visitar o grupo da Exploding Galaxy que fazia lindas experiências de arte nas ruas. Trouxe fotos que posso te mostrar. Montar minha exposição também foi uma experiência galáxica. Vinte artistas trabalharam comigo. Foi preciso colocar lá 27 toneladas de areia, uma célula cheia d'água, armar os ninhos-lazer onde as pessoas ficavam sentadas pensando ou simplesmente convivendo. Foi uma experiência bacana ver homens de negócios entrarem no recinto e obedecer a sugestão de tirar os sapatos para poder sentir as sensações táteis que o meu trabalho queria transmitir. Aqui no Museu ninguém tira o sapato, acho que o brasileiro custa tanto a ter um sapato que o ato de tirá-lo é assim como o de abandonar um *status*.

Aqui no Rio você vai montar uma exposição desse tipo?

Talvez, mas não em galerias nem em museus, esse tipo de local restringe o público. Estou interessado em vários outros trabalhos, por exemplo um filme que tenho na cabeça e que não pode ser exibido em cinemas comuns onde a poltrona deixa o espectador passivo, quero exibi-lo numa sala especial onde as pessoas fiquem deitadas em colchões ou de pé como acharem melhor. Lygia Pape e Caetano Veloso vão trabalhar comigo nesse filme. Caetano quer escrever algo sobre um conjunto habitacional em Deodoro onde ele morou que é o lugar mais *Tristes trópicos* que existe.

E como vão eles, Gil e Caetano?

Estão desabrochando, lá eles têm todo o incentivo para criar, os maiores artistas de Londres vão à casa deles. Mike Chapman está compondo junto com ele. Gil já não está com aquelas ideias que tinha quando chegou, por influência de Rogério Duarte cismava que devia voltar para levar vida de místico no interior da Bahia.

E as suas ideias quais são?

Fazer uma arte que leve as pessoas a uma relação afetiva com o mundo.

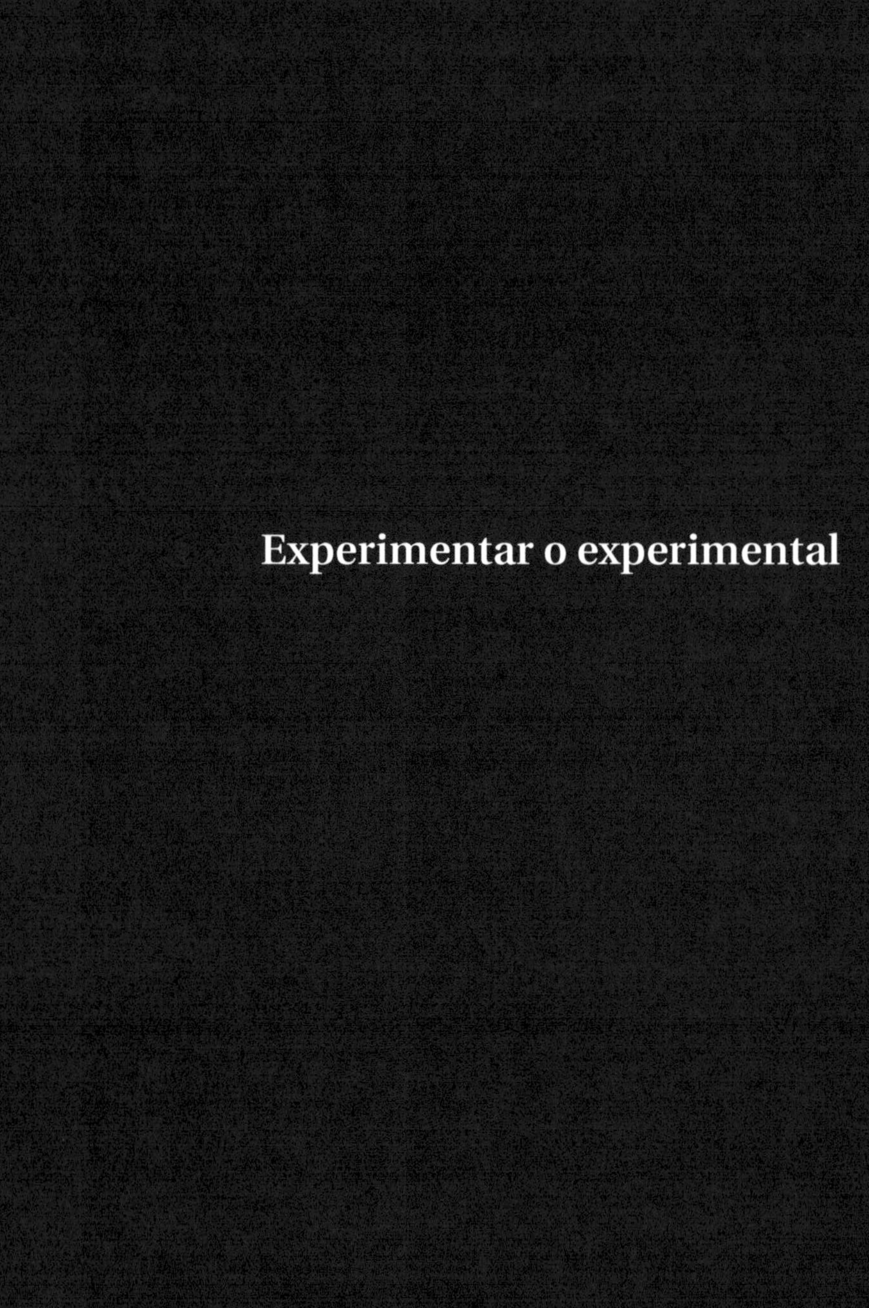

Experimentar o experimental

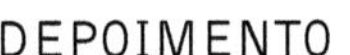

Experimentar
o experimental
DEPOIMENTO

Publicada originalmente
na revista *Navilouca*,
editada por Waly Salomão
e Torquato Neto, 1972.

sentença de morte para a pintura começou quando o processo
de assumir o experimental começou

durante década começando em 59 minha obra
passou a assumir o experimental

conceitos de pintura escultura obra (de arte) acabada display
contemplação linearidade desintegraram-se simultaneamente

existe em 72 algum pintor importante q haja assumido
o experimental no canvas-moldura na aspiração
mural ambiental espacial

não conheço

no brasil país sem memória mataborrão das diluições muito se
passou depois da fenomenal década 50 na 60: nada foi absorvido

crises dos problemas extremos da pintura nos avassalaram
problemas-limite de sólida importância

não quero fazer história

quero falar de como bilaterais deram em
núcleos penetráveis bólides

PARANGOLÉ meu programinha sem tempo descoberta do corpo
proposição coletiva tudo em meio à indiferença dos artistas do
dia

foi enjeitado rejeitado

mas 72 PARANGOLÉ me dá alegria parece tão claro novo
como parecem claros novos CONCRETOS de são paulo
NÃO-OBJETO rio coisas-gente daqui dali
esquecidos nos vai-vens das "artes"

artes q são mortos equívocos cineastas artistas poetas
q envelheceram

ri melhor quem ri por último: competição de "criadores de obras"

pintura escultura arte (obra &tc.) hão de continuar
na área competitiva (até bolsa de arte já temos)
mas q tem a ver com assumir o experimental

talento potencial individuais são logo diluídos
no dia a dia competitivo q estanca o experimental

brasil-babel q há de novo sob o novo

quem é inventor sente-se novo é novo metavanguarda ri do sério
da série não ta na linha o bonde já passou

não me interessam talentos estou farto de querer achar
o novo no vestido de novo

talentos q pintam desenham gravam CONVERSAM
q não querem adiam evitam o experimental

o exercício experimental da liberdade evocado
por MÁRIO PEDROSA não consiste na "criação de obras"
mas na iniciativa de assumir o experimental

pintura poassou a ser pet da burguesia conservadora

cachorro bombom e pintura tapete cortina ir ao museu à ma-
dison vernissages

o potencial-experimental gerado no brasil é o único anticolonial
não-culturalista nos escombros híbridos da "arte brasileira"

tão CONCRETO quanto à sua exportabilidade

voltarão sempre argumentos obscuros dúvidas de autenticidade
assuntos remordidos ignorância dos verdadeiros problemas

(quais se o coma se estabeleceu
no q está à margem do experimental)

GERTRUDE STEIN: se um som produzido num crescendo de
intensidade então pára quantas vezes poderá ser repetido o

experimental não tem fronteiras pra si mesmo é a metacrítica
da "produção de obras" dos artistas de produção

o experimental assume o consumo sem ser consumido indife-
rente
à competição do eu-melhor-q-você das "artes"

no brasil aspiração superficial do artista do dia 1 aspira galerias
expor expor expor currículo estar em dia com o eceltismo
mundano

DÉCIO PIGNATARI: a visão de estruturas conduz à antiarte e
à vida; a visão de eventos (obras) conduz à arte e ao distanciamento da vida

produção experimental tem espocado esparsamente no geral
da brasileira em pouquíssimos casos é programa

artista brasileiro raramente tem programa são fracos talentos
vulneráveis sem opinião

nem entendem porque OSWALD DE ANDRADE diz: serafim
vai à janela e qual narciso vê, no espelho das águas, o forte de
copacabana

nem porque prefiro a caixa de cable staples às chatíssimas
atividades artísticas

simpósios exposições ões ões coisas inventadas
para dar lugar aos fracos talentos não-inventivos

YOKO ONO: quanto à minha arte tenho a dizer: artistas não são
criativos. que mais se desejaria criar? tudo já está aqui. detesto

artistas que dizem que sua arte é criativa. chamo esse tipo de arte de "peido". esses artistas q constroem um pedaço de escultura e o chamam de arte não passam de narcisistas... criar não é a tarefa do artista. Sua tarefa é a de mudar o valor das coisas

todo mundo sabe q sol é sol

mas o problema não é só da pintura escultura arte
produção de obras mas de representação

de todos os re
não confundir reviver com retomar

arte brasileira parece condenada ao eterno revival de terceira categoria

o experimental pode retomar nunca reviver

invenção não se coaduna com imitação:
simples mas é bom lembrar

MARSHALL MCLUHAN: de qualquer modo na arte experimental, exatas especificações da violência iminente são dadas às psiques de cada um pelos seus próprios contra-irritantes ou tecnologia. pois as partes de nós mesmos investidas em novas invenções são tentativas de contrapor ou neutralizar pressões coletivas ou irritações. mas o contra-irritante em geral prova ser de maior dano que o irritante inicial, como um hábito de droga. e é aqui que o artista pode nos mostrar como "ir com o soco" em vez de "levá-lo na cara". Só podemos constatar que a história humana é um recorde de "levá-lo na cara". ... enquanto adotarmos a atitude de narciso de ver as extensões de nossos corpos como realmente lá fora e de verdade independente de nós, teremos

que enfrentar todos os desafios tecnológicos com o escorregão
tonto e o colapso de sempre

JOHN CAGE: objeções são frequentemente feitas por compositores ao uso do termo experimental para designação de suas
obras, pois é tido como certo que experimentos são etapas que
precedem medidas tomadas com determinação, e que essa
determinação é a de saber ter levado, se bem que de modo não-
convencional, esses elementos considerados a uma ordenação
específica. essas objeções são claramente justificadas, mas só
nos casos, como os da música serial contemporânea, em que
permanece a razão de ser de se construir algo dentro dos limites,
estrutura e expressão para as quais a atenção está focalizada. Enquanto que, de outro lado, a atenção se move para a observação
e audição de muitas coisas ao
mesmo tempo, incluindo as que são ambientais – torna-se
inclusiva em vez de exclusiva – sem a preocupação de criar estruturas compreensíveis, pode surgir (seríamos turistas), e então
a palavra "experimental" é apropriada, não para ser entendida
como descritiva de um ato a ser julgado posteriormente em termos de sucesso ou fracasso, mas como um ato cujo resultado é
desconhecido. o que foi determinado?

em suma o experimental não é "arte experimental"

os fios soltos do experimental são energias q brotam
para um número aberto de possibilidades

no brasil há fios soltos num campo de possibilidades:
por que não explora-los?

✳

Brasil diarreia

DEPOIMENTO

Brasil diarreia
DEPOIMENTO

Publicada originalmente
em *Arte brasileira hoje*,
organização de Ferreira Gullar,
Paz e Terra, 1973.

O que importa: a criação de uma linguagem: o destino de *modernidade* do Brasil, pede a criação desta linguagem: as relações, deglutições, toda a fenomenologia desse processo (com inclusive, as outras linguagens internacionais), pede e exige (sob pena de se consumir num academismo conservador, não o faça) essa linguagem: o conceitual deveria submeter-se ao fenômeno vivo: o deboche ao "sério" : quem ousará enfrentar o surrealismo brasileiro?

Quem sou eu pra determinar qual ou como será essa linguagem ? Ou será um nada (conservação-diluição?)? Sei lá. A diluição está aí – a convi-conivência (doença típica brasileira) parece consumir a maior parte das ideias – ideias? Frágeis e perecíveis, aspirações ou ideias? Assumir uma posição crítica: a aspirina ou a cura?

Ou a curra: ao paternalismo, à inibição, à culpa.

Estado de coisas atualmente: por que se precisa e se procura algo que "guarde e guie" a cultura brasileira? E não veem que essa "cultura" é já um conceito morto.

Hoje cultiva-se o policiamento instituição-cultural, no Brasil. Cultivam-se as tradições e os hábitos (falam-se em perigos + perigos, mas a maioria corre o perigo maior: o da estagnação desse processo que parece sofrer retrocessos ou borrações no seu crescimento – estamos na fase máxima das borrações: o empastelamento retro-formal – por exemplo: pintura, desenho, gravura, escultura: que importa que se as façam ou não: com isso ou com o anúncio de que "não morreram" ou a pergunta "morreu ou não?" etc., procura-se desviar o problema, que é o de uma posição altamente crítica, para um lado absoluto que não procede neste caso; tudo é feito propositadamente como defesa das instituições que se abrigam no conceito de "artes plásticas" e de suas promoções paternalistas: salões, bienais: principalmente a de São Paulo).

Sou contra qualquer insinuação de um "processo linear"; a meu ver, os processos são globais – uma coisa é certa: há um 'abaixamento' no nível crítico, que indica essa indeciso-estagnação – as potencialidades criativas são enormes, mas os esforços parecem minguar, justamente quando são propostas posições radicais; posições radicais não significam posições estéticas, mas posições globais vida-mundo – linguagem – comportamento. Dizer-se que algo chegou "ao fim", assim como a pintura, por exemplo (ou como o próprio processo linear que determina essa ideia) é importante, o que não quer dizer que não haja quem a faça; dizer que ela acabou é assumir uma posição crítica diante de um fato, é propor uma mudança; propor uma mudança é mudar mesmo, e não conviver com o banho de piscina paterno-burguês ou com o mingau da "crítica d'arte" brasileira.

A pressa em criar (dar uma posição) num contexto universal a esta linguagem-Brasil, é a vontade de situar um problema que se alienaria, fosse esse "local" (problemas locais não significam nada se se fragmentam quando expostos a uma problemática universal; são irrelevantes se situados somente em relação a interesses locais, o que não quer dizer que os exclua, pelo contrário) – a *urgência* dessa "colocação de valores" num contexto universal, é o que deve preocupar realmente àqueles que procuram uma "saída" para o problema brasileiro. É um modo de formular e reformular os próprios problemas locais, desaliená-los e levá-los a consequências eficazes. Por acaso fugir ao consumo é ter uma posição objetiva? Claro que não. É alienar-se, ou melhor, procurar uma solução ideal, *extra* – mais certo é, sem dúvida, *consumir o consumo* como parte dessa linguagem. Derrubar as defesas que nos impedem de ver "como é o Brasil" no mundo, ou como ele "é realmente" – dizem: "estamos sendo 'invadidos' por uma 'cultura estrangeira' (cultura, ou por 'hábitos estranhos, música estranha etc.', como se isso fosse um pecado ou uma culpa – o fenômeno é borrado por um julgamento ridículo, moralista-culposo: "Não devemos abrir as pernas à cópula mundial – somos puros" – esse pensamento, de todo inócuo, é o mais paternalista e reacionário atualmente aqui. Uma desculpa para parar, para defender-se – olha-se demais para trás – tem-se "saudosismos" às pampas – todos agem um pouco como viúvas portuguesas: sempre de luto, carpindo.

Chega de luto, no Brasil!

O Brasil e a "cultura brasileira" parecem aspirar a uma forma imperialista "paterno-cultural".

Quando o que realmente conduziria a uma ascendência universal deveria ser (o que não significa que o será) algo baseado numa experimentalidade comum nos países novos, o que implicaria ainda mais em posições definidas globais.

Mas parece que essas posições se desvaneceram quase que por completo (salvo, é claro, em alguns indivíduos, minoria ab-

É preciso entender que uma *posição crítica* implica em inevitáveis ambivalências; estar apto a julgar, julgar-se, optar, criar, é estar aberto às ambivalências, já que valores absolutos tendem a castrar quaisquer dessas liberdades. O que não significa que não se deva optar com firmeza: assumir ambivalências não significa aceitar conformisticamente todo esse estado de coisas; ao contrário, aspira-se então a colocá-lo em questão.

soluta, que persistem num nível experimental criador): a falta total de caráter floresce hoje no Brasil – não me refiro somente à "cultura" e "contexto cultural"; o conceito limita e amesquinha tudo; quero me referir a uma coisa global, que envolve um contexto maior de ação (incluindo os lados ético-político-social), de onde nascem as necessidades criativas: mais particularmente aos "hábitos" inerentes à sociedade brasileira: cinismo, hipocrisia, ignorância, concentram-se nisso a que chamo de *coni-convivência*: todos "se punem", aspiram a uma "pureza abstrata" – estão culpados e esperam o castigo – desejam-no. Que se danem.

É preciso entender que uma *posição crítica* implica em inevitáveis ambivalências; estar apto a julgar, julgar-se, optar, criar, é estar aberto às ambivalências, já que valores absolutos tendem a castrar quaisquer dessas liberdades; direi mesmo: pensar em termos absolutos é cair em erro constantemente; – envelhecer fatalmente; conduzir-se a uma posição conservadora (conformismos; paternalismos; etc.); o que não significa que não se deva optar com firmeza: a dificuldade de uma opção forte é sempre a de assumir as ambivalências e destrinchar pedaço por pedaço cada problema. Assumir ambivalências não significa aceitar conformisticamente todo esse estado de coisas; ao contrário, aspira-se então a colocá-lo em questão. Eis a questão.

E a questão brasileira é *ter caráter*, isto é, entender e assumir todo esse fenômeno, que nada deva excluir dessa "posta em questão": a multivalência dos elementos "culturais" imediatos, desde os mais superficiais aos mais profundos (ambos essenciais); reconhecer que para se superar uma condição provinciana estagnatória, esses termos devem ser colocados universalmente, isto é, devem propor questões essenciais ao fenômeno construtivo do *Brasil como um todo, no mundo*, em tudo o que isso possa significar e envolver. Nossos movimentos positivos parecem definir-se como, para que se construam, uma *cultura de exportação*: anular a condição colonialista é assumir e deglutir os valores positivos dados por essa condição, e não evitá-los como se fossem uma miragem (o que aumentaria a condição provinciana para sua permanência); assumir e deglutir a superficialidade e a mobilidade dessa "cultura", é dar um passo bem grande – construir; ao contrário de uma posição conformista, que se baseie sempre em valores gerais absolutos, essa posição construtiva surge de uma ambivalência crítica.

Maior inimigo: o moralismo quatrocentão (de origem branca, cristã-portuguesa) – brasil paternal – o cultivo dos "bons hábitos" – a super autoconsciência – a prisão de ventre "nacional".

A formação brasileira, reconheça-se, é de uma falta de caráter incrível: diarreica; quem quiser *construir* (ninguém mais do que eu, "ama o Brasil"!) tem que ver isso e dissecar as tripas dessas diarreia – mergulhar na merda.

Experiência pessoal: a minha formação, o fim de tudo o que tentei e tento, levou-me a uma direção: a condição brasileira, mais do que simplesmente marginal dentro do mundo, é subterrânea, isto é, tende e deve erguer-se como algo específico ainda em formação; a cultura (detesto o termo) realmente efetiva, revolucionária, construtiva, seria essa que se ergueria como uma SUBTERRÂNEA (escrevi um texto com esse nome, em setembro 69, em Londres): assume toda a condição de subdesenvolvimento (sub-sub), mas não como uma "conservação desse subdesenvolvimento", e sim como uma... "consciência para vencer a *super* paranoia, repressão, impotência..." brasileiras; o que mais dilui hoje no contexto brasileiro é justamente essa falta de coerência crítica que gera a tal *coni-convivência*; a reação cultural, que tende a estagnar e se tornar "oficial" (mais do que burocrática, essa coisa oficial existe como reação efetiva), é a que predomina nesse estado atual: p. ex., a crítica que as ideias de Tropicália geraram ao culto do "bom gosto" (isto é, a descoberta de elementos criativos nas coisas consideradas *cafonas*, e que a ideia de "bom gosto" seria conservadora) foi transformada em algo reacionário pelos diluidores da mesma: instituiu-se a "cafonice" estagnatória, já que instituir a ideia de cafona conduz à glorificação permanente de coisas passadas (olha-se para trás): hoje há uma febre reacionária de "saudosismos" e "redescoberta de valores", *velhaguardismo*; a crítica da Tropicália ao "bom gosto" da Bossa Nova, era e é ambivalente e específica – a generalização diluidora dela, é reacionaríssima. Isso é um pequeno exemplo. Que dizer das coisas maiores, mais gerais? A ideia de vanguarda, viva e efetiva em alguns, torna-se mera "compilação" na maioria da chamada crítica de arte. Por isso digo: a omissão consciente, ou melhor, pular fora, pode ser mais importante para a "cultura brasileira" revolucionária, do que participar no contexto imediato "policiado" – exemplo máximo: os mais importantes músicos populares do Brasil, Gil e Caetano, para sobreviverem e levarem avante as transformações começadas, tiveram que pular fora – o que criam, em inglês e em Londres, queiram ou não, é a continuação dessa revolução na música brasileira: o caso deles é extremo e é nele mesmo a denúncia desse policiamento moralista-paternal-reacionário vigente hoje no Brasil (há uma espécie de mentalidade geral à la "Flávio Cavalcanti", a mais nociva) – não se trata de um "acidente" nesse contexto: é um estado geral de coisas e vem ao encontro da mentalidade diarreica do país. Mas algo importante e efetivo nasce disso: essa "cultura defensiva" que não quer "pecar" copulando com o mundo, é obrigada a engolir o fenômeno da universalização de seus grandes criadores (seus na medida em que pertençam a um mesmo contexto) – quem poderá ignorar esse fenômeno gigantesco da bossa nova nos Estados Unidos: Tom Jobim virou Musak – mais do que "sucesso no exterior", o fenômeno é reversível e age efetiva e diretamente nesse contexto: urge aos que criam construir algo que se erga como uma face-Brasil no mundo; um criador como Jorge Ben, que estava esquecido, vê-se hoje que era precursor e é continuador dessa revolução, e que contribui na criação dessa face-Brasil: com a Tropicália foi retomado e sua importância reconhecida – recentemente estourou na promoção internacional da Midem; sua poesia-música roça a ideia de "experimental" – é, portanto, um fator construtivo e revolucionário na diluição geral. Não ocorrera a Tropicália, pergunto eu, teria isso acontecido? Mais do que acidente, esse caráter experimental ergue-se como algo positivo e caracteristicamente revolucionário nesse contexto (outros exemplos, muitos poderiam ser aqui invocados). Não existe "arte experimental", mas o *experimental*, que não só assume a ideia de modernidade e vanguarda, mas também a transformação radical no campo dos conceitos-valores vigentes: é algo que propõe transformações no comportamento-contexto, que deglute e dissolve e dissolve a *coni-convivência*.

No Brasil, portanto, uma *posição crítica universal permanente* e *o experimental* são elementos construtivos.

Tudo o mais é diluição na diarreia.

Heliotape para Augusto
e Haroldo de Campos

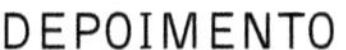

DEPOIMENTO

Heliotape para Augusto e Haroldo de Campos
DEPOIMENTO

Heliotape realizado em março de 1974.
Edição final por Frederico Coelho.

... Bom, Augusto, eu recebi aquele negócio da Bahia que tem aquele texto seu que é a maior maravilha sobre Webern e Gilberto. Telefonei pro João, conversei uma hora com ele sobre isso, ele ficou entusiasmadíssimo, aí mandei, eu tinha recebido três – aliás, pede esse cara da Bahia pra mandar mais, porque tem mais gente –, eu recebi três e mandei um pra ele, né. Ele adorou. Eu adoro aquele negócio que eu já citei num troço, que é muito importante, é que o João é mais *cool* do que o *cool*. Esse é um negócio tão incrível, que é exatamente... exatamente o que é, o negócio é... coisas assim que vêm de encontro assim inclusive a outras coisas que tavam em pauta etc... Ah, inclusive... Bom, eu queria falar com vocês um negócio, agora eu não quero que essa fita seja ouvida por ninguém. Quer dizer, a não ser vocês e Décio, e pronto. Porque é sobre um negócio inédito, eu não quero... cê sabe do quê que eu tô falando, né? Tem um que é, são coisas que eu fiz com o Neville aqui, que é uma espécie assim dum prolongamento da experiência de cinema dele, e era uma coisa que eu não faria porque... se eu fosse fazer sozinho, mas que é uma coisa mesmo que tá legal, porque Neville ia começar um novo filme ano passado, mas o filme ao invés de sair filme saiu assim uma espécie de séries de *slides*, dos quais eu faço assim uma programação... e como é que se diz, instruções para a performance e ao mesmo tempo, *tapings,* cê sabe, quer dizer, não é audiovisual. É, é uma coisa assim, que os elementos, quer dizer, o carrossel com *slides*, o *timing* e a... porra, como é... *soundtrack*, sei lá como é que se diz, a sonora, e as instruções, quer dizer, tem instruções para a performance assim com muita gente, quer dizer, público, que, aliás, não tô mais usando essa palavra, eu tava lendo um negócio do Nietzsche, que ele diz que o público não existe, eu acho isso muito importante, detesto a palavra público! É uma generalização, é uma individualização assim duma coisa de massa, que na realidade significa o quê? A preferência mediana. Bom, ele falava isso em relação à coisa do Eurípedes, que Eurípedes tinha criado o espectador, dois espectadores, um era ele mesmo, o outro seria o espectador que ele supunha que seria igual a ele. Que na realidade é o que passou a ser o público. Bom, voltando à uma coisa, essa, quer dizer, essas duas (...), uma para a coisa particular, quer dizer, a pessoa fazer, sabe como é, dentro de casa ou no jardim, mas uma coisa assim já com um outro sentido. Essa experiência, eu chamo assim de *Program in progress*, ou *Programa in progress* e se chama *Cosmococa*. Eu pedi a vocês, pelo amor de Deus, para não, como essa coisa eu ainda tô fazendo o texto em inglês, e que nós vamos lançar, Neville vai financiar, o Quentin adora! Eu mostrei todas as séries a ele, e ainda tem outras novas que eu fiz que ele ainda não viu, porque depois que eu fiz as cinco com o Neville, eu fiz uma com o Thomas, que aliás tem uma cópia aí no Brasil, Thomas ficou de chamar vocês para levar, ele tem a cópia completa, é a única que tem aí. Porque ele tirou a cópia dos originais, entende, que saem quase perfeitos, né. E *Cosmococa*, na realidade, seria o tal filme do Neville, que de filme passou a ser esse programa, quer dizer, essa é uma das (...) que eu chamo assim de blocos experimentos, quer dizer, são coisas assim que não... não tem assim que ser a coisa assim só porque aparece cocaína, né. Eu ia pedir a você pelo amor de Deus não comentar com ninguém, porque tem muita gente querendo saber o que tá sendo feito, agora tem o número 4 – a abreviação de *Cosmococas* é sempre *CC*, esse blocos, né, então *CC4*, que é com o livro do Cage, de *Notations*, então chamando *Nocagions*, mas em vez de ttat de nottations tem cag meio inclinado assim, como se fosse em itálico. Esse bloco, eu vou mandar a cópia para vocês das páginas que fala desse bloco no meu caderno, que eu tenho escrito cadernos e cadernos, é uma loucura, e que esse é dedicado a vocês. Quando nós tivermos feito a cópia, e já tiver essa coisa sido publicada, eu tô com um pouco de medo de entregar antes, vocês sabem, né, eu vou, o Cage faria o *soundtrack*. Baseado nas fotos que são na realidade anotações sobre a capa do livro. As anotações são feitas com os instrumentos e com os rastros de cocaína, e paisagem. Isto ninguém pode saber, não comentem, principalmente o senhor Gerchman e outros diluidores brasileiros, me perdoem o Haroldo e o Onã, que andam loucos para saber o que que tá sendo feito e eu não estou dando mais de mamar para ninguém, cês sabem né. São, cê sabe, eu acho uma coisa assim, eu não tenho paciência de me preocupar com esse tipo de coisa, porque é uma coisa que para mim já não existia então de repente vêm pessoas assim de repente restituir inclusive o conceito de plágio, que ao meu ver já é uma coisa que foi parodiada, Quentin acha isso perfeito, nós estávamos discutindo, é genial porque é uma coisa que já é paro-diada, quer dizer, Neville quando faz essas coisas que eu chamo mancoquilagens, que começou com essa brincadeira, Neville fazendo assim maquilagens e tal que ele chamava (...), eu digo é mancoquilagens! Por causa de Manco Capac, que é o Deus da, o Deus que introduziu a folha da Coca, o Deus, sei lá, da cocaína na Bolívia, no Peru, acho também, é, no Peru também, tem uma avenida. Bom, então eu chamo mancoquilagem pelo seguinte: quer dizer, o rastro da Coca, de repente começa a se moldar em cima do desenho, vamos dizer, duma superfície que ele tá. Isso já é uma paródia, é uma paródia de todas as artes plásticas do (...), uma *joke*, e a coisa mais louca é que a maquiagem ao invés de criar uma máscara ou cobrir alguma coisa, ela se esconde a ela mesma porque de repente ela começa a se assimilar ao rastro, então ela é o próprio rastro que se esconde. Tem um blá-blá-blá, blá-blá-blá danado desse negócio, agora eu não mandei nada escrito ainda porque eu estava esperando, eu já fiz todo o texto, e bom, tem vocês à beça, Décio também, eu tirei umas coisas de contracomunicação, que eu acho muito importante. Bom, Décio, cada vez que eu leio, apesar dele não ir com a minha cara, cês sabem, e aliás acho bom ele não ir mesmo, mas tem coisas geniais, que se renovaram... tinha um negócio sobre o negócio da obra, da obra nova, eu não me lembro do que era, eu não estou aqui nesse lugar, eu tenho que ir para casa.

E o negócio é o seguinte, eu vou continuar isso no outro *tape*, já tá chegando no fim, Augusto, eu tenho 10 mil coisas para dizer, essa coisa era muito importante, eu vou escrever pro Thomas imediatamente em São Paulo para mostrar para mostrar a vocês, porque ele tem o *soundtrack*. Bom, (...) são quatro projeções, tem que ter quatro projetores, porque esse é o número seis, que eu fiz com ele, que já é depois do Neville. Neville agora vai voltar (?), porque pro Neville é uma experiência nova, é importante principalmente em relação a *Mangue-bangue* que vocês não viram, que agora talvez (...) cara, um francês veio aqui e viu, e que gosta muito do estilo do Júlio, e do, só francês, bom, custa a aparecer, mas também quando aparece e ele tava cogitando em levar *Mangue-bangue*, é que na realidade a linguagem do cinema chegou à total, quer dizer, depois de Godard questionar a própria linguagem, blá-blá-blá, a coisa ficou assim que cinema tem que virar quase como se fosse um instrumento, e na realidade essas coisas dos *slides* é como se fosse assim quase cinema, entende, quer dizer, você, o teu *timing* interior é que dá o *timing* também da projeção dos slides, e tem milhões de coisas que envolvem isso, que na realidade é a continuação lícita dessa experiência... é bom também que Neville faça as outras coisas que ele vai fazer, o negócio de Nelson Rodrigues, que ele quer desafiar a coisa da narrativa, é bom, porque *Mangue-bangue* é um dos filmes mesmo, assim, clássicos do cinema brasileiro. Quentin, à primeira vista, ficou assim: frio. Depois, ele disse: quanto mais, quando eu chegar lá, a coisa foi crescendo, dentro... Isso, ele viu uma sessão louquíssima...

Ok, bom, agora é uma loucura, naquela hora, sete e não sei quanto, agora já são doze e quarenta e nove, meu Deus do Céu... *it's really heavy*... (...) peraí... não, acho genial... Peraí, mas, peraí, uma bagunça... Bom, agora estamos na Loft Four, na mesma, o lugar de sempre, e... Deixa eu ver se esse negócio aqui tá funcionando mesmo. Bom, essa fita daria continuação àquela que o Augusto, a que, não sei, parei no meio, falava do Quentin com o filme do Neville, né... ah, para uma sessão do Museu de Arte Moderna... e há um ano atrás (...), isso, eu acho. É, porque a primeira coisa de *Cosmococa* foi feita a 13 de março de 1973, que é, é, um ano já, comemoramos um ano essa semana, em grande estilo, né, a prima tava impossível... mas.. mandei um telegrama pra Neville, teve um dia, foi engraçado... mas aconteceu o seguinte, ah bom, nessa sessão do Museu de Arte Moderna foi engraçado. Quentin veio especialmente, tava cheia, é, bom, só se ouvia, além do *soundtrack* que tem no filme, que não tem diálogo falado, uma cafungação de pó na plateia incrível, que era uma espécie assim de coisa incidental com a incidência acidental. Ah, bom, não vou falar mais nisso. Mas...nem sei o que é que...Ah, eu tava falando de *Cosmococa*, né? Bom, essa primeira que foi feita no ano passado, foi feita em março, depois as outras todas com o Neville foram feitas em agosto, num período terrível aqui em casa, de crise total. Mas... são estranhíssimas, sabe? Essa primeira eu chamo *Trashescapes*, tem Buñuel, uma capa do *New York Magazine* que tem a cara do Buñuel, que então, aliás, Neville também filmou isso, é assim, uma coisa assim, ele passa a navalha, a faca de fazer o rastro de pó ele passa no olho, como se fosse assim uma paródia de *Un chien andalouz*, e depois, onde ele passou, a faca foi passada, aparece o rastro do pó, cortando o olho ao meio, mas é engraçado que o pó, a cocaína assim, quando é jogada uma espécie assim de, parece assim postas de sangue. É bonito, cê sabe. Bom, começa com o pôster do Luis Fernando, com uma capa minha, uma fotografia minha que o Gerchman produziu o pôster e, ah, ficou com os 90 pôsters e mandou 10, pensando que vai me... sabe esse tipo de coisa?, e ainda deu entrevista insinuando que aquela... falando em *Parangolé* como se fosse uma coisa dele, o que é ridículo, e insinuando que aquela foto seria de uma coisa que ele fez na rua, que... você veja que... isso é genial, né? Mas, ah... Então começa, ele começa assim com uns rastros fininhos assim, nessa coisa, depois entram os objetos, aí vem o Buñuel, acaba, a última coisa é a capa do disco do Zappa, chamada *Weasels ripped my flesh*, que nós usamos muito para fazer esses rastros, porque tinha assim uma, um desenho assim de um ser, uma cara de um cara com um *weasel*, sei lá como é que chama em português aquele bicho, arranh..., rasgando a cara dele. Então sempre os rastros aparecem, e desaparecem, né? Não só no desenho, como depois de cafungados. Bom (ri), quer dizer, quando ele não desaparece e se escondem no desenho, eles se escondem na coisa cafungada.

E, então, falar, aliás, desse negócio de esconder, eu volto outra vez no negócio do Augusto, de *Poeta menos*, que, o negócio do *dias, dias, dias*, você fala aquele negócio que Caetano fez, e eu tava louco pra ver isso. Eu acho que o branco tem, bom, uma coisa louca que eu descobri, quando tem aquele A, depois o mor, é amor mas é morte, mas aí você nunca, a gente fica assim imediatamente completando o mor com morte, mas a sílaba TE na realidade se esconde debaixo do branco, porque na realidade o branco tá cobrindo ela, e a meu ver isso tem muito essa coisa assim do pó aparecer e desaparecer nesse.... quer dizer, é tudo um, como se fosse assim uma, uma espécie assim de exercício assim da, seria ambivalência da percepção, sei lá. Aliás, o branco dessa coisa tem uma coisa assim de neve um pouco, que neve também já é cocaína, *snow*, essa coisa assim de cobrir, que de repente... Essa coisa, aliás, ali embaixo depois tem também "segura amor", sempre que tem amor eu penso em mor..., eu completo imediatamente com morte. Aí eu tava dizendo, bom o "te" sempre da morte tá escondido debaixo... Então, isso também dá esse... bom, isso para mim é uma coisa como se fosse um filme, essas áreas de cor que, tem mesmo, aliás tem um caráter semelhante a essas coisas dos *slides*, porque o *slide* na realidade não é fotografia artística, que eu acho bosta, e não são filme também, que já virou uma coisa unilateral, visual demais, dá-dá-dá, de definição excessiva... ele é assim como se fosse uma coisa, continuação do cinema um pouco, sei lá, eu vejo eles como uma coisa fílmica e cinemática, não sei. Não sei. Bom, Augusto sabe que eu não sei nada, né, de nada. Então é genial que essas coisas eu fico assim, bom, esse do *dias, dias, dias* tá aqui, que eu tô aqui na cabine de montagem do filme, que é o único lugar isolado aqui, porque ele é todo... o teto é de plástico, as paredes são de plástico, aliás um plástico lindíssimo, que é uma verdadeira coisa assim... eu vou até fazer uma fotografia e vou te mandar, e esta mesa aqui de *editing*, eu posso ver as coisas, as coisas funcionam, e é aqui também que eu e Neville trabalhamos, de vez em quando, sabe como é, esse negócio aqui tem uma coisa assim de cabine mesmo, então quando eu quero ver, quero que as coisas durem no espaço e que é uma coisa que eu vá quando eu volto aqui sempre as coisas estão com... como se estivessem assim suspensas, porque, aliás é selado no chão, né, a coisa do plástico que desce, e o papel, eu deixei o papel do plástico atrás, que fica assim uma coisa leitosa, de modo que eu fico isolado aqui, é como se estivesse numa cabine espacial, e o que acontece é isso, que, toda vez que eu chego aqui ele tá aqui, tem um retrato da Yoko, que o Thomas tirou, ah, isso depois eu vou falar que foi uma coisa extraordinária, um show que ela fez, bom, uma coisa gênio, total. E esse troço, então é incrível que a área, é, essa coisa das áreas de cor é uma coisa assim como se fosse, o emaranhado não é um emaranhado que amarra, não é contínuo, não há uma linearidade, quer dizer, você vê o amarelo, amarelo, mas não há essa coisa linear, como se fosse uma, áreas amarelas que passam por baixo de azuis, elas têm assim uma, coisa de estarem suspensas no ar, e ao mesmo tempo de terem a mesma cor e o... é, o branco não é, nem é um espaço tampouco, como se fosse uma coisa de Max Bill né, pelo contrário... É um pouco essa coisa de neve... *la neige*... chão de neve, é, porque essa coisa, ah, olha ali, a *memoir*, é incrível, incrível, nunca vi... bom, esse, esse, aliás esse, essa coisa do poeta-a-menos ainda é mais coisa do que o polígono, quer dizer, o livro não era o livro, são assim espaços fílmicos, espaços, de espaços fílmicos, não sei. Esse negócio eu tenho que ficar, ficar com ele como o negócio da Yoko. Eu escrevi muita coisa, eu aliás vou lá, vou ligar para ela e vou lá, ela tá em Nova York. Ela tá vivendo agora com o David Espinoza, um guitarrista gênio total. John Lennon tá em Los Angeles. Não sei se, eu tava louco, bom, eu já encontrei, eu já comecei a ler, bom, ela, olha, bom, depois eu vou falar um negócio do Chico, não adianta começar agora senão a gente não... quebra demais esse negócio, bom, eu... Essa conversa é uma conversa manco-capaquiana, né, porque: pó de minuto a minuto, não pára, isto desde sábado. Cê sabe que desde sábado, eu fiquei sentado aqui, eu nunca vi, as coisas andaram muito, quer dizer, todo, toda essa sequência assim de dias que eu possa ficar aqui, eu faço assim contínuo porque depois eu durmo um dia inteiro, quer dizer, hoje na Holanda a gente teve essa vantagem de, desses diretores, de, dessa mulher que dirige lá não estar lá, tava Franco, um amigo meu italiano que, no livro tem um bloco de *Cosmococa* também, tem um negócio que Franco descobriu.

E tem tanta... esse negócio tem tanta história, parece assim uma coisa assim de história mitológica, que começa e vai, e se emaranha sem linearidade nenhuma, como vocês veem, porque isto é por conta do pó, não é, porque eu começo uma coisa, emendo na outra, não consigo parar de falar, o que é ótimo também, porque vocês sabem que a fala é uma coisa, a coisa escrita é outra, vocês mesmo me disseram, e eu acho importante, o Mário Pedrosa, isso é uma coisa engraçada, ficou meio papo sério isto aqui, ele não... eu não conseguia dialogar com o Mário, não conseguia, é como se ele tivesse aqui e não tivesse quando ele veio aqui, há um ano atrás, ah, não, em maio, não me lembro, maio, não sei, ele ficava... papo sério porque ele disse assim: eu durmo, acordo, faço pipi, volto para dormir, acordo, você continua a falar. Eu digo: exato, exatamente, por que, a fala lhe incomoda? Na realidade incomoda, né, porque na realidade para ele a estrutura visual e a palavra escrita é a que tem uma supremacia que ele se sente ameaçado com essa coisa e a fala aí é uma coisa que gerava e gera as coisas, então descobri, todas as coisas na realidade que eu tô fazendo são coisas que advêm mesmo do corpo, né? São coisas corporais e a fala é, na realidade, é na realidade, não é a linguagem escrita, de modo que, que é uma coisa que subiu com a... e sobe cada vez mais, quer dizer, é engraçado aliás, aquele negócio que eu vi, Augusto sempre fala, no negócio do Torquato, dos *lyrics*, que cantados, quando a coisa é cantada, é uma coisa... claro, é outra coisa, lógico. Não tem nada que ver com a linguagem escrita inclusive. Nem sei, não quero fazer teoria nenhuma, que eu acho um saco.

Mas a... como eu ia dizendo, ah... Então essas coisas desses blocos de *Cosmococa*, bom, o primeiro é *Trashescapes*, o segundo foi, ah, é da Yoko, *Onobject*, a palavra *ono* e *object*, tudo uma palavra só, é muito bonito. Primeiro Neville não gostava, depois cada vez eu gosto mais porque retêm de repente o livro, de repente os rastros de coca, na realidade o óculos dela na capa daquele livro de *Grapefruit* já é como se fosse uma, é mais uma máscara, entende?, dela. É mais uma, do que propriamente só, quer dizer, uma pessoa de óculos, ou coisa que o valha. Então de repente os rastros de coca ficam assim como se fosse um esqueleto, parece assim que... como se uma espécie de estrutura esquelética assim tivesse saído para cima da pele e da máscara, quer dizer, já cria outra máscara, mas ali o livro aparece como objeto livro, ao lado de outras coisas. De repente aparece o livro do Heidegger, que tava, ao lado, *What's the thing*, que aí também já tem essa, é muito bonito, o ideal na realidade era fazer logo essas cópias, mas é uma coisa que toma muito tempo. Esse da Yoko, *Onobject*, ele é projetado por dentro em *back projections* em quatro paredes, e as pessoas ficam por fora e tem um espelho por fora, tal, eu ainda tô fazendo a planta, porque apesar dessas coisas todas estarem planejadas, tem coisa à beça para fazer, quer dizer, esse suplemento desses blocos-experiências, aliás, nem era experimento, esses blocos-experiência. Bom, espero, Haroldo, espero que você não fique assim *very upset*, que isso daí fica, bom, porque se todo mundo sabe que que esse negócio de blocos-experiências, espero que não interfira. Como aliás eu perguntei ao João se interferiria, quer dizer, citar o negócio do Augusto. O João achou ótimo que eu cito isso, e depois eu cito um negócio do Keith Richards, uma letra de, uma *lyric* de quê? De *Sister morphine*, que ele diz: "Cousin cocaine, lay your cool cool hands on my head" *Cool cool hands*, que aí já é, sabe como é, que... é... O *cool* da cocaína tem muito que ver com o *cool* do João, que é mais *cool* que o *cool*. Quer dizer, sabe, esse tipo de jogo de palavras de... na realidade uma coisa descobre a outra, e tinha o negócio do Haroldo que eu vou colocar, um negócio que tem, um negócio que acaba com a palavra, é o primeiro bloco de galáxias, não é... eu não sei... olha, eu tenho xerox de tudo, a vantagem é que lá naquele escritório tem um xerox fantástico, então eu faço mil xerox e depois eu vou montando as coisas... eu já, é...

Então essa coisa desses blocos experimentos, o Neville achou que devia realizar logo, que antes que comece um blá-blá-blá e comecem a usar a *Cosmococa* aqui, *Cosmococa* ali, que aí vai ser um grilo. Antes de mais nada, quer dizer: ele faria parte dessa ligação, que é uma espécie de suplemento, mas ele sairia independente. Engraçado, bom, o texto é em português... agora esse negócio de traduzir, bater à máquina, ai, realmente demora tanto, é uma loucura.

Tem... o Guy Brett teve aqui e levou qualquer coisa para fazer, é o *CC7*, que era uma *nailfile*, uma lixa de unha, e eu digo assim: "a nailfile, a snake", que ela, ela é na realidade uma coisa de *snake*. Quentin acha que é de caduceu, como se fosse assim uma forma, quer dizer, um resultado duma forma de tradução, que é, que são duas cobras, nesse caso, com um bastão, então eu disse assim: que aí seria o negócio do Guy fotografar, que ele ia inventar um negócio, agora a composição é assim: "A nailfile, a snake, shoot the nailfile". (ri) Que aí *shoot* é fotografar e não atirar. Você espera que não seja *shoot the snake*, mas *shoot the nail*. Porque já tinha também entrado outras coisas que eu já tinha discutido com o Guy aqui, mas até agora não, quer dizer, essas coisas ficam em aberto assim, ficam uma coisa programada, quer dizer, a proposição é essa, ele faz o que der na cabeça. Quer dizer, se não tiver pronto, fica essa coisa aberta, eu coloco no livro nessa publicação a oposição que foi feita e tal e entregue a Guy Brett dia tal de tal etc. E... depois tem uma, a outra que eu fiz, Silviano

Santiago fez um negócio de luz, que a luz é nesse caso tinha muita importância, D de dado, é *CC8*, é D de dado...

CC9 é o que, hein? Ah, é uma composição que eu fiz, é. Bom, o negócio é o seguinte, esse, a cocaína não aparece, quer dizer, o reflexo é Mr. D, o irmão do Romero que é ele, a cara dele olhando assim no espelho como se fosse um lago, o tempo todo, quer dizer, na realidade o reflexo e a relação da... que é a coisa sempre vista no espelho, ah... é que já é, como o pó na realidade é a luz, né, nesse caso. Porque, quer dizer, a cocaína não vai ter sempre que aparecer, quer dizer, aliás, não tem nada que ver. *Cosmococa* pode não ter, são alusões que eu faço, uma espécie de... de coisas que revelam mundos contíguos, como eu acho que a cocaína nesse caso faz. E... não é uma coisa alucinógena, é uma coisa assim que... paralela, ela revela simultaneidade de vidas e mundos diferentes. Mas, bom, eu não sei, bom, Neville depois tinha um plano de lançar, eu não tenho... Cada, cada, ah, tem um da Marilyn, o 3 é o livro da Marilyn, é Mailer Marilyn, é *Maileryn*, montagem de Mailer com Marilyn, é muito bonito, lindíssimo isso, beleza extraordinária. Esta é o terceiro, o quarto é *Nocagions*, o quinto é *Hendrix war*. A capa do Hendrix, lindíssima, ficou assim como se fosse assim restos de um pré-ritual, uma loucura. Esse negócio é tão legal fazer com o Neville, porque as coisas ficam assim como se fosse assim uma espécie de momentos-*frame*, entende? Não é essa coisa de audiovisual, que, não sei, não sei, essa coisa só vendo, eu já cansei de falar nesse negócio, e quando eu quero falar assim a coisa começa a ficar meio caótica. Mas essa coisa de momentos-*frame*, eu acho... É um quase-cinema, que na realidade tem mais da linguagem de cinema do que de fotografia. A sequência não é uma sequência naturalista, mas é uma sequência de contiguidades. Sei lá, é legal, é legal, sequência de contiguidades. Eu sei que essa coisa de repente cresceu assim cada vez mais, sabe? E talvez seja isso exatamente que Quentin sentiu em relação a *Mangue-bangue*.

E... tem outras e outras coisas para falar... Principalmente em relação a esse negócio do livro, porque tem tantos blocos... Uma loucura. E, ah, eu queria que vocês dissessem se Antonio Dias tá aí ou tá na Itália, porque as pessoas chegam aqui com as informações mais erradas. Disseram que o Luciano tava de volta ao Rio, meses atrás, de repente há um mês atrás o Luciano liga, disse que nunca saiu de Londres, mas uma pessoa disse que tinha visto ele na rua, não é, esse tipo de loucura que... Agora Antonio Dias cada pessoa chega aqui e diz uma coisa diferente, eu não sei para onde escrever, não sei se existe aquele endereço... me disseram que ele tinha mudado de vez para o Brasil, agora disseram que tava outra vez... eu não entendo nada, absolutamente nada, e eu queria escrever para ele, falar com ele...

Eu tô doido para ver o livro, do *Xadrez de estrelas*, Haroldo. Bom, é uma alegria incrível cada vez que chega coisa de vocês aqui, é, são coisas assim que... presentes assim de Rei. Ai meu Deus, não aguento mais beber, olha que loucura. (engole) Garganta seca, porque esse pó é sequíssimo, loucura. Mas, bom, Quentin, outra coisa que eu tenho que dizer a vocês que aconteceu, eu tava pensando em ligar, essa fita, deixa eu ver, não tem o outro lado, tava pensando em dar uma ligada pro Quentin, não sei se ele estará em casa, porque aí botando o telefone, aí pergunto o que ele quer dizer, e porque ele vai ao Brasil esse ano, e ele tava preparando uma programação e... do que ele faria para mandar não sei para quem... não sei se é no Rio, na Cândido Mendes ou se é em outro lugar, eu não entendi direito, eu sei que tinham anunciado um negócio na Candido Mendes, no Rio, e talvez ele tenha alguma coisa para dizer sobre isso. Eu vou ligar para lá agora, eu quero antes disso dizer que a filha dele teve um desastre. Foi atropelada e vai ter que ficar mais três semanas no hospital porque ela quebrou completamente o lado esquerdo da bacia e tá sobre tração esse tempo todo. Ele tava muito, muito *upset*, agora tá melhor. Ela tá em ótimo *spirit*. Mas ele tava muito *upset*, quase nem tava, porque a primeira coisa que fizeram quando ele chegou lá foi mostrar a radiografia, então a coisa partida, esbolada em mil pedaços. Mas ela, ela vai ter que ficar seis meses de muleta e uma perna vai ficar um pouco mais curta que a outra, quer dizer que ela vai mancar um pouco, dizem que pode corrigir com o tempo, ela tá super otimista, aí eu disse: Quentin, quer dizer, eu já sabia, mas tem coisas que para ele realmente impressionam muito, ele fica muito impressionado. Mas ontem ele ligou, achei que ele tava, a voz dele tava mais clara, e tava... foi terrível isso. Mas eu fui lá sábado e ela tava ótima. Inteligentíssima como sempre, né... Mas era uma coisa assim que nem se esperava também, assim.

Agora, então vamos ver, eu acho que esse lado da fita tá acabando, talvez pusesse então do outro... Se ele tiver em casa... vamos ver se sai, mas acho que sai, vocês ouviram, no começo tem a mulher dizendo a hora. Isso é um telefone que dá a hora aqui, que a gente disca Nescafé e ele dá o telefone. Nescafé, agora o cara lá da *Screen*, projetaram o *Mangue-bangue* para esse tal francês, mandou o recibo que... o recibo, então diz assim: em vez de *Mangue-Bangue* é *Manc Banc*, achei isso engraçado, até vou falar pro... tirei xerox para mandar pro Neville. Engraçado, ao invés de *Mangue-Bang, Manc Banc*... Loucura. Não estou ouvindo nada, será que aqui está gravando? Bom, eu não sei, eu não sei se... eu não quero parar aqui não. Eu tô achando que tá fazendo falta é outro gravador, porque lá eu tava com o meu gravador e com outro. Bom, eu tenho um gravador, mas é uma bosta aquilo, não sei nem se tem pilha para ele, não liga na eletricidade, um gravador antigo, mas ao menos para... É engraçado aquela fita com aquela área inteira só da música, né, ainda vou ouvir ela inteira para ver como é que saiu.

E... mas, eu tinha, não sei, eu tinha anotado cartões aqui com o nome das pessoas para ver o que é que tinha para falar. Coisa à beça para falar, eu quando começo... eu fico com medo é de ficar... começar e emendar numa coisa inacabável. Como tem uma carta, tinha uma carta aqui pro Haroldo que não sei quantas páginas já tinha, mas tá, é uma coisa, ela vai indo, indo, indo, e eu tenho que reler outra vez para ver se... o que é que tem nela, porque, loucura total. Bom, hoje eu tenho que dormir de qualquer maneira, não é possível continuar assim. Agora, o que é que eu tinha para dizer? Pá-pá-pá, pá-pá-pá, pi-pi-pi, blocos-experiência... Bom, esse negócio de *Blocos-Experiência*, só vendo, sabe, não... Por isso é que eu acho bom não falar muito porque de repente começa as pessoas a... sei lá... Bom, não há problema, porque... É, há coisas que faladas perdem... não sei. Agora, o Thomas eu pensei que tivesse contactado as pessoas, a Malu. Thomas Valentim, ele é irmão de um amigo que era meu aluno. Mas esse dele é *Coke head's soup*, em vez de, porque o disco dos Rolling Stones era *Goats head soup*, esse é *Cokehead's soup*, (ri) *cokehead*, né, e é incrível, porque aí o pó, a superfície é que absorve, o pó vai se espalhando de repente, a superfície não há rastros, há áreas, assim como se fosse assim uma espécie assim de pó de arroz, só que tem que dizer que não é pó de arroz, é cocaína mesmo, desperdício total, só ali acho que tinha mais de umas duas gramas, mas enfim, cê sabe né, como a prima, a prima está muito em dia, quer vestidos novos todos os dias, e quer estar sentada ao lado sem parar. É o contrário de maconha. Fumo, maconha, é uma coisa muito tribal. Cocaína não, é uma coisa que isola as pessoas e se concentra na realidade na individualidade da pessoa, quer dizer ela faz crescer a individualidade da pessoa. Mas separa, né? Uma coisa incrível. O egoísmo... Amor total tem que ser dedicado, não admite concorrência (ri). Ah, esse negócio, eu queria falar, agora eu tô vendo agora eu queria... o negócio da Yoko é um negócio incrível porque... todos os, as pessoas sempre *miss the point*, sempre, aqui. Uma coisa incrível. Não sei. Todos os críticos, entende, e as coisas, mesmo as pessoas que falam a favor falam *missing the point* porque na realidade, bom a primeira coisa que saiu no * fita é interrompida * é, aquele negócio dela assim, é como se fosse assim máscaras de teatro, quer dizer, ela, o controle que ela tem do corpo, da cara etc etc, e as brincadeiras com objetos e coisas assim que ela faz com o público – ai meu Deus, joguei a palavra público outra vez – com os participantes, também uma merda, bom, ah, são assim como se fossem sucessões de máscaras, entende? Quer dizer, a performance ali não é uma performance de atriz, de cantora, "she's not a singer". *What is a singer?* Quer dizer, aqui, é, a burrice em Nova York é, a falta assim de experimentalidade, ah, é a cidade mais conservadora nesse ponto de vista, da coisa do espetáculo, aliás o Living Theater não teria feito nada se não fosse a Europa e outros lugares, porque não tem mesmo sentido, a coisa fica assim como se fosse uma gota d'água num espetáculo de Nova York que já é a coisa. De modo que essa coisa da Yoko é uma coisa que é, ela é uma coisa desconhecida do espetáculo americano, ela é uma coisa que, como o No também, é uma coisa que, que não é absorvida pelo espetáculo americano, ela fica como uma coisa estranha. Então a precisão da coisa de voz, do som, bom, ela tinha um dos melhores músicos do mundo, tinha os quatro, inclusive esse David Espinoza. É, era uma coisa assim de uma precisão incrível. Mas teve um dia, no último dia, eu fui duas vezes, na estreia e no último dia, que no final depois ela cantou um *blue*, que na realidade o *blue* não é o *blue*... sem drama, entende? Quer dizer, ela não é o blue negro, não é o *blue* da Janis, que é uma coisa fantástica que chega àquele auge de grito mesmo, não é nem negro, nem judaico, sei lá... não, ali é uma coisa, é aquela coisa assim de sucessão de máscaras precisas. É uma coisa assim, de uma precisão incrível. Isso é que eu achava, assim, que é a única coisa que eu sei dizer sobre... E é uma coisa, e é isso exatamente que as pessoas não absorvem, quer dizer, que repele, porque exatamente o espetáculo novaiorquino é exatamente o oposto disso, um espetáculo para conservar o espectador, e não é um espetáculo em que o performer vai se mostrar numa sucessão de máscaras, como se fosse o avesso dele mesmo, quer dizer, que então aí já o espectador já passa a ter uma função mais participante, né? De participador mesmo. Aqui não, aqui é a coisa totalmente linear e visual, no sentido mais... no sentido total, né, claro. De modo que era uma coisa... tinha horas, tinha uns negócios, que parecia, tinha um ritmo semelhante a uma coisa assim de coco, do norte, muito, muito estranho, uma relação estranhíssima, que me lembrava o tempo todo isso. São coisas... as fotografias que foram feitas não fazem crédito... porque ali tinha um negócio assim de espaço, pelo ambiente, não sei, funcionava também como... tem um negócio do balde que... bom ela tinha sempre umas historinhas que tinha sempre um negócio da amiga dela, na realidade a amiga dela é ela, claro. Então ela... ah, essa era uma amiga, uma amiga dela que disse que se ela se suicidasse, ela iria se suicidar de uma maneira limpa. Até que uma dia ela resolveu se suicidar, então ela pegou um balde e cortou o pescoço dentro do balde, de modo que o sangue caísse dentro do balde e não caísse no chão. Eu não sei, que merda! Peraí. Ah, então ela aí aparece, ela aí pega um balde novo, com aspecto de novo, novo mesmo, ela disse assim: agora, agora eu queria passar esse balde de mão em mão. Quer dizer, então ela aí entrega o balde à primeira pessoa mais próxima que estiver o balde passa de mão em mão, mas aí... é, aí o balde é o balde novo, sem o sangue. Quer dizer, como se fosse... é o balde que é depois mas que é antes também, é o balde pré-suicídio, o sangue, o sacrifício, ou o que seja, e pós também porque aquele é o balde que, mas ali ele tá novo outra vez. Isso é incrível. Toda a coisa que ela fazia era assim. Tinha um negócio do... Ah, uma amiga dela – tem sempre um negócio – que foi ficando cada vez falando menos, menos, menos, o médico disse que se ela deixasse de falar, que ela morreria. Foi exatamente isso que aconteceu. Então ela... mas aí, o osso da perna dela foi transformado numa flauta, que era uma flauta dum som fantástico, duma finura, duma coisa assim genial. E depressa ficou famosa no meio de músicos e outras coisas. E, mas... de repente um dia essa flauta foi quebrada em uma porção de pedaços, se quebrou em uma porção de pedaços. Então ela guardou numa caixa hermética o que ela aí tá na mão com a caixa, que ela sacode assim como se fosse um chocalho, ela diz assim: é, porque ela não falava quando ela tava viva, mas agora ela tá falando aqui através desses cacos de osso dentro da caixa, como se fosse o vento passando nas árvores, uma coisa assim. Ela aí pega, joga essa caixa doida pra trás, aí queria que um de vocês guardasse essa caixa, e todos os dias sacudisse a caixa, porque agora ela fala através dos cacos do osso. Incrível. Ela aí joga a caixa pra plateia, não sei quem pegou. Andreas, esse aluno, que era meu ex-aluno, pegou um negócio que era... ah, era uma *underwear*, nem vi... ah, é, nesse dia do Andreas não tava lá, eu sei que ele pegou... que ela também jogou naquele dia, não sei, mas, bom, eu acho que agora... peraí, não sei se eu ligo pro Quentin agora... Bom, eu vou fazer o seguinte, vou dar uma desligada aqui, que aí fica uma pausa. Que aí dá pra gente, eu vou ver se eu acho o Quentin em casa. Que aí vamos ver se dá pra ligar a voz, eu acho que dá, porque sempre grava, esse microfone é fantástico. Então, pausa!

Tentativa de diálogo

ARACY DE AMARAL

Tentativa de diálogo
POR ARACY DE AMARAL

Entrevista realizada em
Nova York, em outubro de 1977.

**O que eu queria te perguntar? A partir dos *Penetráveis*, em come-
cinho da década de 1960, eu acho que você já estabelece, assim
como a Lygia Clark depois dos relevos, um salto do que seria a
passagem da década de 1950 para a década de 1960. E como você
é uma das raras pessoas, ao lado da Lygia Clark, que, vindo da
década de 1950 teve muita influência nos que emergiram nos
anos 1960, eu queria um depoimento seu sobre o não-objeto, do
ponto de vista neoconcreto, a realidade ambiental (*environmental*) dos anos 60, em função da informação norte-americana...
Mas naquele ponto era ainda uma decorrência das experiências
do neoconcretismo...**

Eu acho que é por isso então, e mesmo hoje, [meu trabalho]
difere bastante da coisa americana, *environmental*. Eu acho que
o enfoque norte-americano das coisas ambientais é mais na linha
superrealista e não tão sintética, ao passo que as minhas coisas
são exatamente o oposto. Eu nunca poderia fazer as coisas de
Christo, nem *earth works*...

Ah, você diz pela maior propensão ao mágico...

Por exemplo, *Bólides* (1963), com terra dentro, é muito mais moderno agora do que *earth works*, porque aquilo é um pedaço da terra. Tinha até um *Bólide* que planejei, mas que eu nunca fiz. Um dia eu vou ao Brasil só para fazer, era um *Bólide* com terra do morro da Mangueira. Toda essa mitificação é sintetizada numa coisa sem ser isso de quadro ou escultura, é um pedaço da coisa. Ao passo que ir a um lugar para fazer uma coisa (houve um tempo que eu fazia isso, uma etapa dos *Bólides*, eu chamava de *apropriações*). Daí porque *earth works* para mim fica uma coisa muito ligada a uma visão americana de superrealismo. Ao passo que a minha coisa vem já de uma outra coisa, talvez de origem europeia. Talvez, não: certamente. Europeia, que é mais sintética. E citaria essa evolução, que vem dos construtivistas.

Em relação ao pessoal mais jovem que começou a trabalhar inspirado nas coisas que você fazia, como um Rubens Gerchman, um Antonio Dias, qual a ligação entre o que eles começaram a fazer e o que vocês faziam?

O Antonio Dias acho que tinha influência da Lygia Clark. Sob um certo ponto de vista, um tipo de visão sintética das coisas, ele é muito próximo.

O Antonio Dias de hoje? Porque naquele tempo ele trabalhava com relevos.

Eu acho que no começo aqueles relevos lembram, têm uma certa relação, apesar de ele usar formas diferentes, e ter-se manifestado de uma forma diferente...

Porque ele tinha uma influência muito grande dos *comics*, *comic strips*...

É, eu sei, mas a maneira de apresentar aquela coisa recortada, tinha um certo tipo de monumentalidade que eu sempre achava que me lembrava aquela fase preta da Lygia, que eu acho a coisa mais importante, das mais importantes. Há uma grande diferença, por exemplo, entre aquelas coisas da Lygia que tem aqui, aquele quadro preto que, aliás, é uma maravilha, este dos quadrados... Eu tenho um, aliás, lá em casa, que é um quadrado só com a linha, com a coisa branca em volta que não é pintada, aquela linha branca é uma outra placa por baixo, ela não é pintada na superfície, eu acho tudo isso muito diferente da pintura americana que ainda é pintada, é uma tela pintada com as linhas [...], porque aquela coisa, se fosse assim uma coisa preta, tela preta com a linha pintada em cima não é a mesma coisa que...

Mas você viu aqui aquele artista de hoje, o [Robert] Mangold? Dezoito anos depois, ele usa exatamente a justaposição de superfícies e depois a linha também, que ela chamava de linha orgânica. Me lembrou muito a experiência da Lygia Clark, de 1959.

Agora essa outra fase final, que era o fio do espaço, isso eu acho a maior coisa que já foi inventada, essa história de fio do espaço.

Essa dos quadros negros?

É. A coisa do fio do espaço, é incrível, porque ela não é nem coisa assim... Ela é como que o fio do espaço, o limite entre a superfície e o espaço...

Entre a superfície da representação e o espaço real.

Ah! Até hoje é uma coisa que cada vez que a gente olha é assim surpreendente. Quer dizer, tudo isso veio dessa coisa. Por isso é muito difícil aqui, por exemplo, esse tipo de coisa. Eu estava notando que as pessoas sabem o que fazem, atraem muitas pessoas que não entendem nada, que não estão por dentro do problema da arte, ficam muito atraídas pela realidade desse tipo de coisa que é exatamente o que eu quero. Eu não quero mais fazer coisas que as pessoas vejam como se fosse um exposição, mesmo que seja do lado de fora. Eu acho que os americanos fizeram muito isso, aquelas cortinas do Christo, não sei o quê, você vai para a natureza para ver uma exposição.

Então é para isso que eu volto, para aquele dado de participação que foi a grande contribuição da década de 1960.
Isso eu acho que é muito difícil de entender aqui, porque tudo em Nova York, mesmo o espaço urbano, é *show*, é "*show*-espaço urbano", nunca há essa coisa de participação.

É mais cenográfico.
É tudo cenográfico, a própria rua, você entende, se você faz uma coisa na rua já não tem participação, as pessoas começam logo a racionalizar como se fosse um "evento", e chamam de "*I'm going to do a... in Washington Square*", entende? Então por que não faz logo dentro de casa, já que em Nova York não tem muita diferença dentro de um museu ou na rua? Ao passo que no Brasil tem.

Mas você não acha que isso pressupõe também uma abertura do ponto de vista do diálogo com o espectador ou com aquele que está assistindo, vendo ou participando?
Ok, ok...

Essa possibilidade que, digamos assim, no Brasil a gente ofereceu na década de 1960...
No espaço urbano, eu acho...

Daí que eu queria saber como você definiria essa participação que ocorreu na década de 1960.
Eu acho que, desse ponto de vista, pode-se dizer que essa coisa é muito latino-americana.

Que seja com você, com o Gerchman...

Ah, bom, você diz, participação de um ponto de vista...

Digamos, através de propostas suas de trabalho, entende, como quando você pegava um pano e dizia: "Este pano não pode ser cortado, cada um tem que utilizá-lo..."
Essa eu acho bem diferente da do Gerchman. Eu acho que tenho nesse caso mais ligação com a Lygia Clark e com os outros. Acho que nesse ponto as coisas de participação dele eram bem diferentes. Eram interessantes, mas eram diferentes. Abordamento...

As coisas que ele vem fazendo no fim da década de 1960.
O abordamento... aquele negócio de ônibus, e de caixa, era uma coisa, eu acho, bem distante. Tudo que também diziam que estava próximo de mim estava mais distante. Eu não sei explicar por quê.

Porque a sua participação estava muito mais no sentido da evolução do sensorial também, esse sentido que a Lygia Clark...
Descoberta do corpo.

Descoberta do corpo. Tátil. Não é?
Isto eu escrevi. Você vai gostar de ver uns textos, eu tenho que separar para te mostrar, eu vou fazer uns xerox, e não pode mostrar a ninguém porque são inéditos. Esse negócio de evolução que eu chamo assim de uma fase de mitificação e, depois, uma outra de desmitificação. Em todas as coisas que eu fazia, mesmo essas participações... *Parangolé* era assim. Até, por exemplo, essa coisa do pedaço do morro da Mangueira era fase de mitificação, mas logo em seguida eu tive que fazer imediatamente a coisa da desmitificação.

E como foi essa, qual é essa...?
Por exemplo, essa coisa toda escrita e a consciência que eu tive aqui quando cheguei, eu... ainda estou, aliás, na fase de

desmistificação de tudo na década de 1960, você entende? O que me faz ver a coisa da década de 1960 melhor, e também quebra aquela hipnotização da mitificação. Eu acho importantíssima essa coisa de desmitificação. E eu tenho impressão que o Gerchman, quer dizer, a coisa que atrapalhou esse pessoal todo, foi ficar na fase de mitificação, não conseguir sair.

[Falando ao mesmo tempo] É lógico... Não, porque o curioso é que você vem para Nova York exatamente no fim da década [...] então não conseguir sair e não saber se ver também em perspectiva, é esse problema de que você está falando, e que você teve que fazer.

Sabe por quê? Ah, é eu fiz na... E depois você faz também, como a Lygia Clark, esse negócio dela dizer que não quer ser chamada de artista, não sei o quê, ela faz desmitificação. Então você tem que ter uma cabeça forte, você tem que ser muito forte, tem que ter uma cabeça, uma consciência, quer dizer...

Lucidez.

Uma lucidez incrível. Eu, nesta fase que disse a você, nestes anos todos que não tenho te visto, que eu escrevi todo esse material, tem cadernos e cadernos, você sabe, eu digo assim: "eu tenho até medo de olhar isso outra vez e achar que é uma porcaria". Cada vez que eu abro fico admirado, digo: "eu que escrevi isso?". Eu quase desmaiei! Que eu tava uma lucidez! Eu digo: "Ah, então valeu a pena os dias todos acordados", você entende, mas são cadernos e cadernos, você não calcula o que seja.

Mas você considera que hoje esse trabalho, digo, todo esse processo, que eu acho que é muito mais um processo de desmitificação, já terminou? Você considera isso uma coisa encerrada?

Não... eu acho que agora está numa fase, talvez, sei lá de quê... eu não sei o que é, eu acho que esse ano houve uma mudança.

Quando eu comecei essa..., quando eu fiz essa coisa, comecei isso em janeiro... [mostra um projeto]

Que número é? 17? Que número é esse projeto?
Esse projeto é *Penetrável*... Tem que ver, ainda não está classificado, tem que ver o número. Eu tenho que olhar. Acho que é dezessete, me dá essa pata... é, é 17. Olha como ela tá detetive!

Não, não! É porque eu olhei aí você me descreveu, quando eu estive aqui, que foi aquele *Nada-nada*.
É o *Nada*, é; e você já conhecia isso?

Você me descreveu esse.
É, então é esse, então esse é o dezessete. Veja como ela está esperta! Dezessete! Olha...

Então é o primeiro que você faz depois?
É.

Não me diga!
Você sabe por quê? E ele é totalmente isso, na realidade é, eu considero... ah não: esse daqui já era uma fase de passagem. Agora eu considero todas as outras coisas anteriores como uma espécie de prelúdio para o que vem. Quer dizer, na realidade, isso é muito outra coisa do que aquela... que é essa fase toda que eu estava escrevendo, não sei o que, esse material todo e eu disse assim: "Eu não estou interessado... de ideias, esse negócio, eu quero..., tudo, para ficar assim nessa, assim como se fosse em suspenso, ou como o Quentin Fiore até chama esse negócio de...". Eu disse assim: "*I should drift for a while*", entende? Aí, de repente, me deu essa vontade assim de fazer, digo: agora quero de repente fazer coisas físicas...

Concretadas.

Concretadas! É! Aliás, eu pensei nesse termo mesmo, é ótimo esse. Concretadas. Mas aí eu vejo pela distância qual é a diferença, é outra coisa, totalmente... ao passo que aparentemente, eu digo que a primeira coisa que vai acontecer quando alguém olhar é: "Ah, você está retomando as coisas antigas", mas isso é um engano total.

Não. Acho que tem um outro sentido também, ainda...

Um outro sentido, totalmente diferente e muito mais maduro, mais de coisa... Mais sintético. [...] na realidade é ninho também, tem uma relação com o ninho, incrível essa coisa. Você sabe que tem pessoas que não sabem nada, que chegam assim e dizem assim: "Ah, isso aqui é genial! Eu queria morar aqui dentro". Aí eu disse assim: "Vai ver que isso aí é tão ninho quanto é penetrável". Quer dizer que na realidade essas divisões todas de penetrável, não sei o quê, tão ficando todas uma coisa só. Agora, a coisa para a Judite, eu disse assim um negócio que ela quase caiu dura. Ela disse assim: "Ah, você afinal chamaria de quê? De arte *environmental*?". Aí eu digo: "Não, pra mim é música". Aliás, eu disse isso para o Haroldo de Campos assim, e eu disse também para alugém que chegou no Brasil e disse que eu tava, "Ah, agora ele disse que estava fazendo música". Mas eu não tô. Eu disse assim: "Na realidade a coisa que eu sei que é música porque a música não é mais como uma das artes, você entende? Não existe, eu também acho que essa divisão de arte de músico, não sei quê, não sei quê, isso não existe mais. Agora, eu, isso é música. Eu sei que a única coisa em que eu vejo relação com isso é a música. Eu não vejo outra. Sei lá por que... por isso é que não precisava, por isso é que pensei quando a Ondina [filha de Quentin Fiore] falou "Ah, tem alguma música...", eu disse assim: "Sim, que coisa esquisita, parece assim como botar, você bota sim sal com açúcar, qualquer coisa", me deu aquela sensação, como se você estivesse comendo sal e açúcar ao mesmo tempo... eu digo: "já é música", não precisa acrescentar música. Engraçado isso, eu não sei por que, mas é assim. Não que seja musical, essa relação transcendental da música com as coisas, como Kandinsky, nem nada disso. É outra coisa.

Não, porque inclusive aqui não, acho que você põe um problema assim, do tempo, do silêncio, tudo isso, que [...] no sentido em que nos outros você ainda recorria a um problema de performance, do problema, digamos, a cor jogava um papel muito importante na criação de ambientes e aqui eu acho que você já está numa redução mais radical, entende, problemas das sombras, da luz...

É, exato, e o espaço que penso é o tamanho disso em relação à pessoa quando você entra dentro e eu [...] as coisas, você vai ser assim como se você entrasse na barriga...

E eu acho também que outra coisa importante é o módulo.

É, o módulo, como se você tivesse entrado na barriga da baleia, ou alguma coisa assim, eu sinto muito essas sensações... de *Moby Dick*. Aliás, o Júlio [Bressane] vai dar gritos porque ele adora essa história de *Moby Dick*. Faz um tempo ele descobriu que a mãe dele era Moby Dick. Aí nós descobrimos que *Moby Dick* começou a ser escrito em Manhatan – daí um dia tava um dia *fog*, nós saímos à rua e ele disse assim: "mas na realidade a ilha de Manhattan era fundo do mar, antigamente, era coberta por mar". Eu digo: "Na realidade, a gente está na própria Moby Dick". Que foi uma sensação estranhíssima, porque estava assim um *fog*, como se você estivesse no fundo do mar! Foi incrível essa... aí eu pensei muito nessa história, porque essas coisas são... e elas são leves, e depois a coisa coletiva dentro, você entende, não é mais, ao passo que os *Penetráveis* antigos eram uma coisa ainda de ficar tudo ao alcance, na altura da visão. Era uma coisa que eu sempre tinha. Essa mania de ficar não era mais olhar o quadro, mas era uma coisa toda, você quase que cheirava ela. Aliás, tinha um cheiro.

Era um envolvimento da cor. Bom, mas aquela era uma preocupação sua naquele tempo, no fim da década de 1960.

Mesmo em *Tropicália* (1966), daquela coisa do escuro, de entrar por dentro de fios, sabe, essa coisa toda com o corpo era sempre uma coisa para o corpo dar a medida dele mesmo. Ao passo que aí não, não tem mais a medida, é uma outra coisa nem sei do quê...

É outra escala. É uma coisa assim mais monumental. Você vê pela sua própria concepção de espaço. Há uma monumentalidade implícita nessa construção, nessa arquitetura.

É a proporção, o módulo, eu acho muito importante.

É assim, já completamente de fora daqueles ambientes pequenos que você tinha previsto, porque agora o negócio é assim, *think big*...

[Olhando as maquetes de seus projetos ambientais] E é uma coisa para ser construída. E isso daí fica como se fosse sendo uma parte de um núcleo. É a Martine, que teve a ideia de mandar. Eu disse assim: "Meu Deus, eu não posso mandar a maquete original, como é que eu vou fazer?". Aí ela disse: "Faz um videoteipe da maquete para instrução da construção", entende, essa ideia foi ótima porque é a mesma coisa, como se a maquete estivesse lá, eu apareço mexendo e falando, mostrando...

Mas um super-8 também pode dar, não pode?

Não, não, é muito curto. Porque uma meia hora de videoteipe foi ideal, meia hora dá para mostrar e explicar, então é a mesma coisa que se a maquete estivesse lá mexendo.

Você fez isso?

Fiz. E mandei para a Bienal. Porque se eu mandasse também a maquete, eu teria que estar presente, porque só eu entendo, vamos dizer, as convenções da maquete. Então, de qualquer jeito eu ia ter que explicar. Então eu digo que a explicação fica dada no videoteipe e aparece a maquete ao mesmo tempo, e a explicação e o original ficam aqui. Quer dizer, na realidade, eu tenho que fazer vários videoteipezinhos: em inglês, em português, faço um em inglês e outro em português. Eu tenho que fazer um em inglês porque aí fica como [...] e com as plantas e as instruções escritas também, entende? Tudo isso eu vou botar assim num pacote prá...

Então eu vou pedir lá na Bienal, vou pedir pro Luís Villares para eu ver isso. Só quero ver.

O que fizeram não sei. Aí eu botei assim: "Proibido...". Aliás, de cinco em cinco minutos eu dizia no teipe: "Esse teipe não é para ser exibido. É proibida a exibição do teipe". Vai ver que [...] passado lá! Eu tou fazendo papel de palhaço. Eu mato! Eu juro por Deus que eu esgano. Luís Rodrigues, como é, Rodrigues Alves Filho...

É, mas ele vai me escrever, o Villares [inaudível].

Ah, você tem o endereço dele?

Do Luís Villares, tenho.

Ah, e aliás eu preciso. Boa ideia, porque eu não tinha o endereço. E ele chegou aqui e eu gosto muito dele, aliás. Agora não sei o que...

Mas ele vai me escrever e vou perguntar para ele. Você sabe o que eu gostaria que você me dissesse? Alguma coisa sobre essa participação que começa através, digamos assim, dos objetos que vocês fabricam, que são manipuláveis, que são entráveis, que são altamente sensoriais e, aos poucos, a participação política que começa a se impor na década de 1960 por outras razões, mas dentro da qual vocês também começam a atuar, digamos assim, e que vai culminar naqueles trabalhos do aterro do Flamengo, lembra? Que houve em 1968...

Mas politicamente falando era muito na linha...

Mas não era uma necessidade, não foi uma necessidade, eu queria perguntar isso para você, não foi isso uma necessidade de diálogo não mais da classe artística com a classe artística, mas da classe artística com a cidade? Isso que eu quero saber.

Eu só tenho isso. Aliás, é isso que é todo o destino do meu trabalho, acho que sempre foi esse. Tanto é que já começou com a quebra [?] para a Mangueira em vez de ir para reuniões artísticas. Todo mundo pensa, ninguém entende que eu nunca tava, não ia a exposição nenhuma, não ia a reunião artística nenhuma. Eu ia todo dia para a Mangueira. Já começa por aí. E todas as coisas que eu fiz, na realidade, como... era a mesma coisa na Galeria G4, eu fiz pouquíssimas coisas. Era uma coisa [...] era linda, aliás. Eram coisas muito mais dirigidas ao público heterogêneo do que à classe artística. Em Londres, a mesma coisa.

Mas aí havia uma contradição. Porque em Londres você sanou essa contradição, digamos assim, pelo próprio exercício cultural que a população já tem. Mas na G4, realmente, continuava ainda a pequena elite que vai sempre a todas as exposições.

No caso daquela galeria, sim. Mas já no Museu de Arte Moderna, no aterro...

E no Museu de Arte Moderna quando aconteceu *Tropicália*; descreva um pouquinho como é que se passou isso.

Ah, eu não sei. O público heterogêneo era muito grande, eu acho. Muito maior por causa da localidade, da localização do Museu de Arte Moderna e das pessoas que passeiam ali por dentro todos os dias. E não era paga a entrada, nem nada disso. Era como se fosse um parque...

E quanto tempo levou isso? Quantos dias? Foi um dia só?

Não! Muitos! Talvez um mês. Ou um mês e meio.

E como ocorria essa participação com o público?

Era ótima, em geral. O pessoal da classe artística e não-sei-o-quê ficava um pouco desconfiado. Tinha gente que se recusava a entrar dentro da cabine. Agora, gente de rua que vinha era a maior coisa. O pessoal da Mangueira delirava. Todo mundo falava em *Parangolé* da Mangueira. "Ah, *Parangolé*, isso daqui é o *Parangolé*!" Toda coisa que aparecia: "Olha aqui o *Parangolé*. Que tal o meu *Parangolé*. Que tal o meu *Parangolé*?" E enrolavam o pano na cabeça.

Quer dizer, eles assumiram mesmo?

É, a coisa contagia! É isso que estou notando, com esse negócio também [refere-se às maquetes], como contagia. O filho da Martine, que detesta tudo que é coisa de pintura, e tudo isso, não tem o menor interesse, ficou horas brincando com aquelas coisas ali.

Você não acha que foi precursor com os *Parangolés*? Você levava os panos para que as pessoas fizessem uso, não é verdade? Você punha à disposição o material?

É, eu tenho uma experiência que é assim: que eu fiz no Rio, em Londres e em Pamplona. Você viu as fotos de Pamplona?

Não, eu vi as de Londres.

Pamplona, você não soube dessa coisa? O Leandro foi lá fazer. Foi a maior maravilha. Ah, você não calcula o que é. Foi assim: são três metros de pano, que você faz uma capa no próprio corpo, ligando tudo com alfinete de fralda e depois você tira, porque o alfinete de fralda era para prender naquele lugar e depois você cose, entende? Ou deixa o alfinete, se quiser. Mas depois tira e depois passa para outra pessoa. Quando você tira nunca mais veste da maneira que colocou, entende? Então fica como se fosse um casulo. Agora, eu acho engraçado a diferença das coisas que acontecem nos diferentes lugares. Em Londres era totalmente diferente. Na Espanha…

Em Londres como é que foi?

Em Londres ficou uma coisa assim bem inglesa. Quer dizer, tudo toma a característica do lugar.

Ficou mais formalizado.

É. Era meio formal e meio assim […]. À maneira como ingleses se vestem.

Você me contou que tinha uma escola de arte perto. O pessoal saía da escola de arte e ia descansar na sua exposição. Era outro tipo de *approach*?

Ah, é. Exatamente. Eu até me esqueci disso. Você se lembra mais do que eu. Agora, em Pamplona, você vai ver o que foi, eu tenho uns *prints*. Eu vou te mostrar os quadros. Ficou uma coisa assim tão espanhola. Tem uma que o cara, olha só, parece coisa da Idade Média, o cara se cobriu todo de preto, então aparece a forma dele dentro de uma coisa preta, como se fosse o corpo enterrado. Tinha uma coisa assim de cerimonial de Idade Média, de coisa de morte também. E outros pareceram assim muito Goya. A maneira de vestir… Ah, e tinha a coisa árabe. Tem uns assim que faziam aparecer todos o estereótipos bem árabes. Coisas cobrindo a cabeça em uma forma de cegonha. Uma coisa na cabeça com a forma de cabeça de cegonha. Eu vou te mostrar as fotos.

Engraçado a maneira como você está me narrando esses fatos, parece que é o artista que propicia, que apresenta uma proposta e que depois se delicia fazendo uma interpretação própria da reação que essa proposta desencadeou num número de pessoas. É como se você estivesse fazendo a leitura de sua própria

exposição, que não é mais sua. Você está recriando em cima da criação deles, feita em cima da sua proposta.

É. Exato. Exatamente. Isso tudo foi feito ao ar livre naquela paisagem bem espanhola, logo depois que o John Cage e o David Tudor fizeram uma experiência no mesmo lugar. Eu achei também uma coincidência, de combinar as duas coisas, uma junto com a outra, ótima. E tudo na paisagem, parece um negócio assim "heroico". Olha só a coisa que eu te falei. Da capa que o cara fez. E olha o lugar. Não é tão espanhol? Ah, depois enterraram, e deitaram assim num lugar e fizeram uma coisa como se estivessem enterrando. Você entende? Olha Goya! Você já viu uma coisa igual, mais espanhola? Não pode existir, é demais!

Você esteve lá presente?

Não. Foi o Leandro que levou. Ah, também acho ótimo isso porque é uma coisa que outra pessoa leva. Olha isso aqui. O que parece? [mostra foto] Não parece pintura espanhola, de todos os tempos?

Mas isso foi feito em que ano?

Isso? A coisa de Pamplona, não sei. Eu tenho um catálogo aí de 1972, eu acho. Você nunca viu o catálogo? É um catálogo dessa grossura... Olha a coisa árabe. Moura. Que é que você me diz? E olha a invenção, não é uma beleza? Olha aqui a coisa da cegonha, essa forma de cegonha!

Mas isso já não foi você que deu, esse daqui? Eles fizeram?

Não! São os três metros de pano para cada um. Quê que você me diz? E olha essa coisa da cabeça. Isso parece até aquela invenção de [Jimi] Hendrix, que o Hendrix inventou, aquela *band*, aquela *head band*. Isso é tão espanhol! Não engana onde é; ela toma, ela sintetiza o lugar. É por isso que o *Parangolé* é o anti-*folklore*. Anti-*folklore* não, aliás, ela torna possível que o *folklore* nunca seja o *folklore*. *Folklore* é uma coisa ainda ligada à terra [inaudível].

Como é? Você está identificando folclore com cultura? Porque daí, realmente, a sua proposta, digamos assim, a cultura de cada lugar absorve a sua proposta e devolve.

Aliás, isso aconteceu, sabe, porque eu cheguei à conclusão que era impossível. Todo mundo dizia assim: "Repete a exposição da Whitechapel noutro lugar". Eu dizia assim: "Eu nunca repito nada". Porque agora a coisa não é feita como a *Mona Lisa* que vai fazer uma *tournée* e que você sempre aprende aquela mesma coisa onde é que ela esteja. Não. Agora é o contrário! A coisa é mais local. Porque ela se livrou dos universalismos. Ela se tornou mais local. Isso é genial!

Mas isso no caso de sua proposta, porque justamente ela se molda àquele lugar... Não é uma imposição cultural.

Isso parece Picasso! Olha só [mostrando uma imagem]. Você não vê uma forma de Picasso?

Não é uma imposição cultural a sua proposta. Ela não tem o caráter, digamos, de uma coisa estática, a qual os outros têm que observar e perceber de acordo com aquele modo de estar universal. Não. Você faz uma proposta e cada lugar devolve de acordo com a sua própria cultura.

É. Exato. Quer dizer que nesse ponto, tem muito a ver com essa coisa da Lygia, que ela fazia, daquelas experiências de baba. Aquela da baba antropofágica é a maior obra-prima que eu já vi.

Você é a pessoa mais ligada a ela nesse sentido, eu considero.

É, coisa da baba antropofágica. É por isso que não tem nada que ver com os eventos de Vito [Acconci] [...] nem nada disso. Nada que ver porque são *events*, e preparar a coisa de *performance* é a mesma coisa que se fizesse outro tipo de arte... Eu estou cansado. Eu estou cansado também desse negócio de [...] tem uma arte conceitual, já me dá assim arrepios. Eu nunca vi uma coisa assim mais idiota que tenha sido inventada nesses tempos de arte contemporânea. E depois eu estou cansado de ir nos lugares e para ler coisas na parede. Não aguento mais. Eu estou de saco cheio.

Um livro a gente lê em casa...

É, eu sei, mas [...] com letrinhas assim, desse tamanho.

Papel quadriculado...

É, e você vai e todo mundo em pé. Ai, eu não aguento! Não há perna que aguente nem saco também que aguente. Você não acha um saco? E depois, "arte conceitual", o termo é assim de dar dó.

É como se pudesse haver uma arte que não fosse conceitual. Mas isso é mais...

Eu sei. Mas isso é coisa de *labeling* americano. Esse lado é o formalismo, um formalismo terrível.

Tudo tem que ter seu *label*.

É. Catástrofe. E você tem que explicar e ninguém entende. Quando começo a perguntar "o quê que você faz?". Eles: "*Ih, now I'm in trouble*". Ha ha ha! [...] Daqui que eu explico, agora eu não explico mais... Tem que andar com *slides* e (*plé plé plé*) mostrar tudo e falar, você entende?

Isso é muito bom.

É. A única maneira é aquele catálogo da *Navilouca*, o catálogo da Whitechapel. Porque senão... daqui que eu começo... Mesmo com as capas de *Parangolé* eu explico assim o funcionamento, por alto, e as pessoas já fazem: "*Ih, but how is it done?*". Aí você vê como eles estão distantes. Fica todo mundo dizendo assim: "tem umas coisas que vocês falam sempre e que eu não consigo entender". Digo assim: "Você não pode – América Latina, Brasil e Argentina e esses países – você não pode dar a medida do que é, porque é totalmente diferente. Aqui você pode dar medidas da China, mas da América do Sul, se você não tiver vivido a experiência, você não pode dar ideia..."

Sabe que é um problema de conformação mental, eu acho.
E também coisas sem história. Aqui é muito fácil aprender coisas com história, mas o Brasil é coisa ahistórica.

É uma realidade mágica, que se você não intui naturalmente...
São modelos sem ser modelos. O Mário Pedrosa escreveu isso uma vez, são modelos, são moldes sem modelos, uma coisa assim. Isso é muito importante. Aí eu explico certas coisas que não há meio de entender. Eu digo: "Ted! Para de...". Eu dei berros outro dia: "Para de perguntar essa mesma coisa!". Não sei o quê que era o negócio sobre o Brasil. Era um negócio de samba, eu não me lembro o quê que era. De favela, não, do espaço da favela...

O quê que você estava fazendo em 1964, 1965, por aí?
Em 1964 foram as primeiras capas de *Parangolé*. Já estava fazendo *Bólides* e *Penetráveis*. Eu fiz tudo ao mesmo tempo. *Bólides* eu comecei em 1963.

Você acha que aquele seu trabalho sobre o Cara de Cavalo tinha...
1965...

Você acha que a gente pode relacionar aquilo também com o momento que o Brasil estaria atravessando?
Eu acho.

Porque você nunca teve nenhuma, digamos assim, implicação do ponto de vista político, nada, nunca em sua obra teve uma definição de uma forma aberta. Mas toda a impressão do meio

ambiente, nesse trabalho, não pode estabelecer uma relação?

Pode. E era mesmo. Era quando um tava...

Era a época de sua experiência da favela? Fale um pouco da sua experiência na favela. Por que que você foi dançar na Mangueira?

Porque eu já tinha muita ligação com a rua. Eu estava nas ruas aos treze anos. Você pensa que eu ficava onde? Em Ipanema, no Country Club? Minha experiência era assim: a Central do Brasil, a Lapa! [risos] Já estava na barra pesada! Muito cedo, não posso falar em outros detalhes, mas, esse já dá pra definir a barra em que eu já andava. E também era para sair um pouco de uma espécie de opressão cultural, porque depois daquele movimento neoconcreto, não-sei-o-quê, eu tava com muita pressão intelectual e tudo.

Então era quase que uma necessidade de equilíbrio, não é?

Quer dizer, a minha trajetória ninguém podia saber. Eu saía da casa da Lygia Clark para a Central do Brasil, quer dizer, eram as pessoas com quem eu lidava. Eu me sinto em casa em lugares assim: bares da Central, o Mangue! A Rose, esse menino que morreu, o Renot, era meu amigo, era como se fosse meu irmão. É, eles soltaram ele da prisão, depois de oito anos de prisão, para matar. Como sempre fazem no Brasil. Então, aproveitaram o Carnaval e mataram ele com tambores, olha só que morte... tribal. Na área do Museu de Arte Moderna. E o pai dele era o Oto do Estácio.

Tem uma cara doce...

Ah, era um gênio, eu adoro. Como se fosse meu irmão. Era uma pessoa que podia botar minha vida. E a família inteira era assim: a Zezé, o Oto do Estácio, que era o pai; a Zezé, a mãe, e tem toda essa família; a Rose, a Rose não sei se você conhece. Eles são assim, eu me sentia como se estivesse em casa. Eles tinham essa casa grande no Mangue, na zona, não era casa de prostituição, mas era uma casa grande porque eles moram, era assim, o pai dele era partideiro, era do partido-alto do Estácio, tradicional, de muito tempo. Em casa, traficava-se cocaína, claro. Você sabe que eu já estou em ambiente seleto desde cedo, né? Quer dizer que a minha experiência já vem de longo tempo. Ele tava na prisão, porque foi acusado de ser cúmplice de um crime em que nem mesmo no lugar ele estava, coisas do Brasil. Porque alguém estava interessado em que ele ficasse na prisão. E a única vez que ele saiu da prisão durante oito anos foi em um mês que o deixaram solto, e aí houve uma festa lá em casa, no Jardim Botânico, uma festa que era assim: todo esse pessoal, uma festa para ele. Tinha Parangolé, um cara chamado Parangolé, que era o maior traficante do Mangue.

Era o nome dele mesmo?

Era, Parangolé.

Foi por causa do nome dele que você chamou de *Parangolé*?

[rindo] Não, não, eu conheci depois. Foi uma coincidência.

Ele era da Mangueira?

Não, ele era do Mangue, era traficante. Agora ele está preso porque ele era sempre solto. Pegavam e soltavam. Mas depois que os militares resolveram entrar no tráfico de drogas, aí pronto. Porque Parangolé fornecia drogas para todas as putas do Mangue.

Então fala como você deu o nome de *Parangolé*.

Eu descobri na rua a palavra parangolé. Tinha um negócio armado que parecia muito com uma tenda que eu estava fazendo. Sabe como? Na área, no caminho para a Mangueira, uma área da Praça da Bandeira, tinha um terreno baldio, assim, junto da parede do trem da Central. Tinha um negócio armado que era assim: quatro estacas de madeira fazendo a coisa, e o cara era um mendigo, ele fez assim, fios de barbante ligando uma estaca com a outra, inteira. Fazendo uma parede toda de barbantes.

Parece um Soto...

É, é! E dentro tinha assim uma aniagem e estava escrito: "Esse é o Parangolé..., não sei de quê, a única palavra que eu entendi era parangolé, aí eu disse: "Aí, a palavra mágica!".

Então ele é que tinha dado o nome de parangolé para aquele ambiente dele?

Não, ele disse assim: "Esse aqui é o parangolé da noiva..."

Era um paramento?

Era um paramento, um lugar como se fosse o lugar para um casamento...

Mas isso era na rua?

Era, era num terreno baldio. Depois, quando ia fotografar, já tinham derrubado tudo. E era estranhíssimo. A única coisa que tinha nesses barbantes era essa aniagem com isso escrito, e eu me lembro que tinha uns negócios pendurados, assim... fazendo numa parte, como uma *bridal travel suite*. Uma fantasia qualquer. Deve ser um cara que teve algum problema, é uma coisa arquetípica de fantasia, de *mating*, a gente sentia mesmo. Era de uma finura louca essa coisa dos barbantes, você não calcula a maneira como eles eram enlaçados e passavam, para fazer a outra coisa.

Você não disse quanto tempo ficou como passista na Mangueira...

Até sair do Brasil, de 1964 até 1968. Era passista de ouro do Branco, financiado pelo Djalma Bicheiro, ele tinha o maior ponto de jogo do bicho. Era da "Ala vê se entende", mas não era "ala de escola de samba", eram os passistas maiores do Brasil, tinha Carlinhos do Pandeiro, Jerônimo, que está na capa daquela minha...

E quando é que começaram a nascer os seus ambientes?

Antes.

Estes labirintos, bem, porque labirinto pressupõe uma dificuldade para você vencer, e os seus são muito mais percursos...

Isso começou em 1960, começou antes. Por isso é que eu me dava muito bem no espaço da favela.

É, eu registrei isso porque achei muito importante [referindo-me ao texto que preparava sobre Hélio Oiticica para a revista *Colóquio*, de Lisboa].

Ah é, você fala nisso. Pois é, como é que a gente vai explicar isso tudo? É impossível... Sabe que na Inglaterra, nas universidades, o Guy Brett me dizia, estuda-se o problema do espaço na favela, na faculdade de arquitetuta, veja só. Aliás o Mário [Pedrosa] dizia que o Rio de Janeiro tem uma coisa de síntese – não, de simultaneidade de realidades, humanas e sociais, que não tem em lugar nenhum. É estranhíssimo... Nova York não, Nova York já é tudo guetificado.

São Paulo também não é. É uma cidade que para se impor uma realidade se destrói a outra. Não existe uma coexistência pacífica de tempos diversos como ainda se vê no Rio. Há quatro cidades. Já o Rio, não; tem ainda, como disse o Mário de Andrade, o rural convivendo com o urbano.

É perigosíssima, é uma coisa assim, de duas caras, 'feito uma areia movediça', é muito perigoso...

Por que você está dizendo isso?

Não sei... Eu sempre tive essa capacidade de lidar com diversos [tipos de gente] e a minha voz, a minha maneira de falar, muda. Posso estar falando com a Lygia Clark sobre [aqui a fita se interrompe].

Mas acho que você não apenas frui essa sua possibilidade de adequação como você curte ela demais.

É.

Porque você não vai me dizer que o ambiente de seu pai, com o qual você se articulava muito, era igual ao ambiente da favela... da Mangueira, da Lygia Clark etc.

Não. Ninguém entendia: não pode ser a mesma pessoa... Mas podia ser uma coisa perigosa, uma maneira destrutiva, reacionária, fascista de fazer as coisas, essa adaptabilidade podia também ser transformada nisso, mas eu, me conscientizando, transformei isso numa coisa criativa, porque pode também ser uma coisa super-negativa. Perigosa. Por isso é que eu não me sinto *foregneir*. Alguém disse que eu estava com raiva de ter que trabalhar para coisas de ligação, "você faz-me sentir como *foreigner*, me bota numa repressão", eu nunca me sinto *foreigner* em lugar nenhum. As pessoas chegam num lugar e se sentem estranhas, eu digo: "O que? Estranho em algum lugar? Imagine, eu vou à China e já chego lá falando chinês". As pessoas chegam e ficam aqui cinco anos e não sabem pedir um café em inglês. Sabe por quê? Porque o Brasil é um país muito isolado. Eu também tive a vantagem de viajar para cá, morar aqui dois anos quando eu era criança. E não é difícil da pessoa cortar o cordão umbilical. Você vê, por exemplo, o João Cabral de Melo Neto passar a vida inteira na Espanha e não-sei-o-quê e daí volta para o Brasil, assim como um filho pródigo. Quer entrar para a Academia de Letras, dizendo assim: "Eu fiz muitas travessuras mas eu tou aqui de volta, minha mãe querida...". Ai!

Se eu [...] me dá uma claustrofobia . Aí todo mundo dizia: "Quando é que você volta dos *United States*?". Eu digo: "Eu nunca volto! Estou sempre indo! Eu nunca fui". Aí dizem assim: "Você não tem saudades?". Como é que vou ter saudades? Eu *sou* Brasil. Eu sou a Mangueira. Eu comi a fruta inteira. Não deixei pedaços para vir buscar depois. Eu sempre estou indo, nunca estou voltando. Mas dá uma raiva! Mas isso é raríssimo acontecer. Agora, comigo sempre foi assim. E eu nunca tenho culpa.

É porque você viajou desde pequeno.

Porque o Brasil é como se fosse o "Deus Eterno". É como se fosse o país mais lindo do mundo, mais não-sei-o-quê do mundo. Um isolacionismo absurdo do Brasil. Quando eu era criança, eu sempre via a Argentina e todo o povo de língua espanhola, assim como um pouco de desprezo, porque era uma coisa um pouco incutida pelo meio. Uma mania de dizer: "Não, nós somos os maiores, temos a maior terra, não temos nenhum vulcão, o Chile tem vulcão, tem não-sei-o-quê, não sei onde tem terremoto. Nós temos sempre o clima maravilhoso, ha ha ha! A maior floresta do mundo, o maior rio do mundo, o maior não-sei-o-quê do mundo". Mas é uma coisa incutida. [...] Quer dizer, isso é a coisa mais reacionária, porque um país que tem 80% de analfabetismo e 90% de mortalidade infantil fala que tá na era nuclear e que os Estados Unidos... Dizem assim: "Ah, este país aqui está em decadência, está caindo, e nós estamos subindo". [...]

Já o Haroldo [de Campos], pelo contrário, chega aqui e é como se fosse uma criança num *playground*. É a maior maravilha a maneira dele decodificar e falar sobre as coisas na rua, eu nunca vi coisa igual. Eu disse assim: "Vamos ver...". Aí eu planejei fazer um passeio que eu chamava "excursão souzandradiana", negócio de ir a Wall Street e depois à estátua da Liberdade! Eu fazia isso com o Haroldo e acabamos descobrindo num túmulo a palavra "BOD", bê-ó-dê, com o "Y" da palavra BODY faltando. O "Y" do body caiu! Trajetória souzandradiana. [...] Já me disseram o que eu sou: deslumbrado. Ótimo. Adoro pessoas deslumbradas. [...]

O dia em que eu cair morto [...] vão aparecer coisas do arco da velha, tenho, assim, cartas, vai ser o fim das artes brasileiras (cartas comprometedoras, cartas enviadas, cartas recebidas, contos eróticos, as cartas da minha mãe são maravilhosas, cita todo mundo etc.). Eu estou preparando minha obra final, ha ha ha!

*

Hélio está de volta

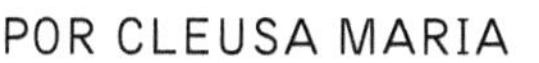

POR CLEUSA MARIA

Hélio está
de volta

POR CLEUSA MARIA

Publicada originalmente no
Jornal do Brasil, em 8 de março de 1978.

Primeiro a dificuldade em localizá-lo. Os amigos, muitos se dizem agora ex-amigos, não conheciam nem queriam conhecer seu paradeiro. Depois, sua hesitação ao telefone denunciava incerteza. Não sabia se tinha algo para falar. Enfim, entrevista marcada, Hélio Oiticica aparece com alguns minutos de atraso. Cabelo cortado rente, agitado, conversando em francês e inglês com um amigo que com ele veio de Nova York, mostra um *Parangolé*, espécie de capa feita com folhas de jornal. Há sete anos Oiticica vive em Nova York e acha embaraçoso falar das razões que o trouxeram ao Brasil. Vacila um pouco, brinca com os dedos do pé, até encontrar uma resposta.

Minha vinda está ligada a alguns projetos que pretendo construir aqui. Este trabalho faz parte de um sonho antigo: montar grandes espaços labirínticos em amplas áreas livres. Penso que terei oportunidade de construí-los, porque há mais sentido em fazê-los aqui, num ambiente tropical, do que no inverno de Nova York. Mas não quero que pensem em retomada. Não é retomada de coisa alguma, porque só agora estou começando. Tudo o que fiz antes, considero um prólogo.

No Rio há três semanas, o artista, que se destacou na arte de vanguarda brasileira, nos anos 1960, ainda não sabe exatamente quanto tempo ficará. Garante no mínimo seis meses. Além dos labirintos que pretende construir "como se fossem obras públicas", Oiticica está cheio de planos. Pensa em fazer um filme com Marcelo França – *Travesti, o travesso de ti* **– e desenvolver alguns projetos com Neville de Almeida, Júlio Bressane, Andreas Valentim e Jair Cataldi.**

Eu mudei muito. E acho que isto se deve à entrada na maturidade. Quando fui para Nova York, sentia a necessidade de ficar sozinho. Em 1970, numa de minhas vindas ao Brasil, quase fui à loucura. Minha volta foi um verdadeiro horror. Havia gente demais em torno de mim, eu fazendo coisas aqui e ali, numa enorme dispersão. Agora não, porque além deste meu trabalho, vou fazer muitas coisas ao lado de pessoas com quem gosto de trabalhar.

"O maior *barato***" é expressão usada frequentemente por ele para definir a sua chegada ao Rio. Fala das obras públicas espalhadas pela cidade e dos viadutos com entusiasmo de quem acha tudo maravilhoso. Na sua opinião o Rio está mais bonito, "com tantos prédios novos de pastilhas e pilotis".**

A primeira coisa que fiz quando cheguei foi visitar uns amigos que moram no Mangue. Quase me perdi no meio dos viadutos, e para chegar aonde queria tive de seguir um grupo de travestis. Mas acho maravilhoso tantos viadutos. Fui também ao morro da Mangueira reencontrar meus amigos, pois não posso passar sem o mundo da malandragem.

Se o interesse em rever os amigos foi grande, o mesmo não aconteceu em relação aos artistas plásticos brasileiros. No Brasil, como em Nova York, ele faz questão de manter-se afastado do ambiente artístico, que considera muito maçante. Lá, Oiticica foi buscar sossego, no que chama de seu abrigo do Norte. Aqui, quer apenas trabalhar e de preferência com arquitetos e engenheiros.

Estou impressionado com a afasia, a palavra é essa, afasia dos artistas brasileiros. A maioria das pessoas está desenvolvendo uma atividade muito diluída. Apesar disso, acho que há muita coisa boa e nova aparecendo. Para mim, o Brasil continua sendo o que Mário Pedrosa disse há muito anos: "Um país condenado ao moderno". O artista brasileiro só pode ser um inventor, do contrário não existe. E acho melhor mesmo, nem ter existido do que existir e se diluir depois.

Hélio Oiticica não gosta do revisionismo cultural que parece preocupar muita gente. Para ele só existe um caminho: o novo.

Há pessoas que começam a fazer um trabalho com um pique. De repente, decidem fazer uma revisão do próprio trabalho. Para mim, isto é uma atitude bem colonizada.

Ele odeia também a expressão *volta às raízes*. E é radical quando dá sua opinião.

Odeio este negócio. Pode botar aí, as raízes já foram arrancadas e queimadas há muito tempo. Tem gente com complexo de *filho pródigo volta à casa*, o que é um câncer brasileiro que, muitas vezes, atinge os artistas mais refinados. Eu porém estou imunizado contra este câncer. Em Nova York me perguntavam: "Não tem saudade da Mangueira? E do Rio?" Eu respondia que não posso ter saudades da Mangueira, porque sou a Mangueira. Não sentia saudades, porque comi a fruta inteira. Saudades só sente quem deu apenas uma dentada.

Em Nova York me perguntavam: "Não tem saudade da Mangueira? E do Rio?" Eu respondia que não posso ter saudades da Mangueira, porque sou a Mangueira. Não sentia saudades, porque comi a fruta inteira. Saudades só sente quem deu apenas uma dentada.

Há algum tempo você disse que nunca havia vendido seus trabalhos, porque não fazia nada que pudesse ser vendido. E agora?

Eu disse isto? Bem, hoje é diferente, porque vendo tudo, até a roupa do corpo. Quando dei esta declaração não estava dizendo que não queria vender ou fazer dinheiro. É que só faço aquilo que quero, ou compram isso ou não compram. A primeira premissa que aprendi, logo que comecei a trabalhar com o Ivan Serpa, foi de que é melhor não fazer do que fazer o que não se quer.

Para Hélio, esta é uma de suas qualidades. Ele explica que jamais cogita do fracasso de um trabalho, "tudo que faço está destinado ao sucesso, ainda que os anos passem e ninguém tome conhecimento".

As pessoas frequentemente me dizem que faço coisas maravilhosas, mas inexequíveis. Isto é comum no Brasil. Ao mesmo tempo em que se admira uma pessoa, se castra também. Outra coisa, escreva aí, não existe pessoa menos louca e mais equilibrada do que eu. É inacreditável que pessoas com bloqueio verbal incrível, como está acontecendo neste país, digam que sou louco. Acho que o papel do artista brasileiro deveria ser o de criar condições para superar este bloqueio verbal do povo. Quando se vem de fora, isto se torna mais evidente. Em Nova York qualquer criança se expressa melhor do que um adulto aqui.

Apesar de admitir que o bloqueio verbal é reflexo de um contexto mais amplo da realidade brasileira, Hélio Oiticica observa que o meio está mais aberto para a arte de vanguarda.

Nos anos 1960 o meio cultural me recebia com muita badalação. E de certo ponto de vista, penso que entendia meu trabalho. E agora, quando comecei a fazer as maquetes de meu trabalho, em Nova York, senti também necessidade de transportá-lo para cá. De lá eu acompanhava tudo o que acontecia no Brasil, as informações chegavam rapidamente. Em Nova York é mais fácil saber o que está acontecendo aqui.

Acredita ser possível desenvolver sua experiência com a arte de vanguarda, num país onde 80% dos habitantes estão preocupados em sobreviver?

Acho que sim. Minhas pesquisas estão muito ligadas ao Brasil, porque são trabalhos que tendem ao coletivo, mais que ao individual. A função de minhas maquetes, anteriormente, era a de uma participação coletiva planejada. Hoje, elas já nascem como se fossem uma obra pública. Isto tem mais a ver com a realidade brasileira, do que a própria arquitetura.

Fala, Hélio

POR LYGIA PAPE

Fala, Hélio
POR LYGIA PAPE

Publicada originalmente na
Revista de Cultura Vozes,
em julho de 1978.

Hélio, você está chegando agora, depois de passar sete anos fora, em Nova York, quando de repente começamos a ouvir por todos os lados falar em arte latino-americana, iniciam-se debates com artistas e críticos, arma-se uma Bienal de arte latino-americana etc. Para você que viveu fora, em Nova York, que perspectiva teria dessa problemática? Qual seria seu conceito de arte latino--americana que, segundo creio, foi colocado pela primeira vez por Mário Pedrosa?

Eu nunca gostei de separar arte latino-americana como coisa isolada, por várias razões. Uma é que eu não gostaria de estar incluído nisto. Outra, é que eu acho muito provincianismo na maneira como se coloca, além de que América Latina é formada por coisas heterogêneas e tudo isso torna tudo muito problemático. Por exemplo, o Brasil não tem nada a ver com o Peru e outras coisas assim. Acho que fica uma coisa artificial – uma maneira forçada –, aliás é forçada, mesmo. Em Nova York, eu já era contra, porque achava que era uma minoria fabricada; essa arte latino-americana mantinha os artistas separados em uma minoria fabricada, num país que já está cheio de minorias. Então, fica uma coisa reacionaríssima, ao meu ver. Mas tudo isso é em relação à situação de lá, em Nova York, que não tem nada a ver com aqui, mas eu acho que o Brasil tem mais a ver com os Estados Unidos do que com os outros países da América Latina. Ou com algumas tradições europeias. Por exemplo, a Alemanha está mais perto do Brasil do que o Peru, sob um certo aspecto. Em termos de linhagem artística, é verdade. Eu não sei o que as pessoas querem definir aqui quando falam em arte latino-americana. Fica uma coisa muito problemática. Seria a arte feita aqui? Em geral os exemplos que dão é que são coisas importadas – se é que se pode dizer isso – coisas de segunda mão. Também estou ouvindo falar sobre esta Bienal em que o tema proposto seria "mitos e magia", mas isso já são conceitos filosóficos, e mito e magia não são um privilégio latino-americano, pelo contrário.

Agora quando falam em arte latino-americana surge o problema da imagem, há uma tentativa de redução a uma determinada imagem.

O problema da imagem me parece muito importante pois acho que foi importado errado, uma coisa ruim, mas tudo é importado e tudo não é.

Esse problema seria resolvido em um processo de assimilação antropofágico. Alguns artistas estão dizendo que a arte acabou, e você, como vê isso?

Eu não gosto é dessa relação de arte e real, essa dicotomia, que para mim já não existe mais, há muito tempo, aliás nunca existiu. Isso de falar "fui da arte para o real", como se fossem duas realidades, não tem sentido, estou sempre ouvindo isso: o real e a arte.

Sartre definiu isso da melhor maneira. Antes havia a separação entre o coletivo e a arte, agora, há uma emergência do coletivo, ele emerge, mas a gente faz parte dele. Antes havia uma separação entre esse coletivo e a arte. Agora, nessa fase de transição, em que o coletivo emerge, nós também fazemos parte do processo. Algumas pessoas continuam na posição anterior, em que o artista estava separado do coletivo. Isto é um processo social, ético, todos fazendo parte de um mesmo processo. Estamos sem dúvida numa fase de transição. Então, fazem essa dicotomia, principalmente os artistas plásticos. Quanto ao problema da arte ter acabado, eu sinto hoje, aqui, um clima de julgamento. Realmente, quanto à pintura e à escultura, elas não são mais o que eram, mas isso é parte do meu passado. Para mim esses meios já foram superados, mesmo. Mas aí é um problema específico. Hoje eu não tenho nada a fazer no espaço de uma galeria de arte, por exemplo. Mas poderia ter. Agora, galeria como se concebe no Brasil ainda é uma coisa para expor quadros e esculturas.

Hélio, esse tipo de galeria seria então um tipo de mercado institucionalizado e o artista estaria em função dele?

Eu não teria interesse em ficar em função desse mercado, mas eu posso criar mercado. Você poderia criar também. Por exemplo, dizem que pôster não vende, principalmente em galerias. Mas eu garanto que eu posso criar uma situação de venda. Fiz um pôster-poema com Romero de um lado em foto, e de outro estava impresso um poema. Na medida em que as pessoas dizem que isto não é comercial, eu posso transformá-lo em algo que vende.

Mas isso decorre de seu prestígio pessoal.

Exatamente, e isso é o mercado brasileiro. Se amanhã você disser qualquer coisa numa página de um jornal, aquilo que você diz é que se transforma em mercado. Amanhã se você disser: "Lygia Pape vende 'objetos de sedução' por tanto", não passa a ser o produto de mercado. Não existe aqui esse negócio de avaliar o preço como se fosse um tipo de capitalismo desenvolvido. Como se estivéssemos num país de capitalismo desenvolvido. O mercado de arte brasileiro é o prestígio pessoal das pessoas. O seu nome, a hora que você quiser, pelo preço que você fizer. Sob esse aspecto é um mercado alienado. Vendem-se coisas por um valor que elas não têm, como os pintores primitivos, por exemplo. Você, por exemplo, vendeu os saquinhos "objetos de sedução" em sua exposição?

Sim, eu vendi, mas a Cr$ 1,00 cada, eu pretendia contestar o próprio mercado, desmistificá-lo. Em São Paulo a Galeria de Arte Global fechou imediatamente a minha exposição. No Rio (MAM) a exposição funcionou normalmente, mas era interessante ver o novo tipo de consumidor de arte, como o varredor de rua, por exemplo, comprando uma "obra de arte". De repente o espaço da galeria (ou o museu) passou a ter um novo significado para ele.

Neste caso a galeria funciona de uma maneira nova. E por que não?

Infelizmente a exposição foi fechada, em São Paulo, pela própria direção da galeria.

Incrível, como não havia quadros eles recusaram a exposição. É curioso, todo o mundo faz essa politicazinha: coloca ao centro as inovações e nas paredes quadrinhos para vender. Sua exposição, como era radical, não foi entendida; deve ter ficado parecendo uma farmácia, com essas duas áreas de cor: vermelho de um lado e azul do outro, e os saquinhos dentro dos cubos de luz. Deve ter ficado parecendo também um supermercado. Hoje, eu prefiro ir a um supermercado do que ir ver quadrinhos nas paredes, então agora quando aparecem coisas escritas nas paredes, eu não aguento ficar em pé lendo coisas com letrinhas pequenininhas na parede, agora, é uma mania. Em Nova York estava cheio dessas diluições. Até o termo arte conceitual, não posso aguentar. Acho das coisas mais infelizes que apareceram. Quando a ideia de conceito já foi desintegrada por Nietzsche.

Fale algo do trabalho passado.

De repente eu cheguei à conclusão que tudo o que eu fiz antes era um prólogo para o que está aparecendo agora. As coisas escritas, todas são uma espécie de amadurecimento e são importantíssimas. As pessoas ficam perguntando e comentando sobre o espaço que vai das maquetes do Central Park em Nova York, em 1972, e o que estou apresentando em 1977. Como se houvesse um buraco, como se as coisas escritas nesse período não fossem nada. Além de participações minhas em algumas exposições, como a de Pamplona. Quando as coisas escritas eram projetos para serem feitos e programações. Esse material escrito é importantíssimo: tem projetos para performances, projetos abertos e algo muito importante: projeto *C. C. – program in progress*, que acho mais importante do que *work in progress*.

Qual a diferença entre os dois?

Work in progress é como se fosse uma obra em etapas, como no *Finnegans Wake* de Joyce. Ao passo que, no *C. C. – program in progress*, a estrutura é muito mais aberta. É uma coisa que a pessoa mesma pode inventar, participar. Aliás, todo o mundo vai participar do *C.C. – program in progress*, as poucas pessoas para quem fiz a proposição não entenderam bem. Por exemplo, Guy Brett não desenvolveu nada. Ele tinha somente que levar; bem, esse era um negócio de unha, ele tinha que pegar uma lixa de unhas, chamava-se *nail file* e é um tipo de lixa de unha de ferro. Aquilo, na realidade, era o que o Haroldo de Campos me disse ser uma estereotipação de um caduceu, que é aquele símbolo dos médicos. São duas cobras que vão se enrolando numa coluna. A lixa tem mesmo uma forma curva, parecendo cabeça de cobra, aqueles risquinhos que formam a lixa de metal. A proposição *C.*

C., creio que número 7, seria o Guy Brett fotografar para formar o poema. As pessoas não assumem, como se fosse perda participar disso. Talvez pelo nome *C.C.* Naquele momento as pessoas não entenderam e isso me inibiu, mas agora, não. Posso colocar todo tipo de gente para atuar, e é necessária a presença física.

Hélio, você está usando a cor em seus trabalhos, fale sobre isso.

Novamente ouço falar em *retomadas*. Vou falar em primeiro lugar em termos gerais para situar o problema da chamada *retomada*.

Essa maquete, que estou preparando para ser realizada aqui, não tem nada de retomada. Essas propostas não têm nada de voltar atrás. Por exemplo, uma delas era a *descoberta* do espaço urbano, e somente nesse caso seria uma retomada pois teria partido da maquete *Cães de caça*, que ainda seria uma coisa isolada do urbano, um projeto ideal, como se fosse aquilo que Mário Pedrosa dizia *invitation au voyage* baudelariana, no urbano. Aquilo era para ser feito no espaço urbano, é claro, mas era uma coisa isolada, como se fosse uma *invitation au voyage*.

Nestas outras não ocorre isso, é como se fosse a descoberta do espaço urbano mesmo, ou do espaço público. Mesmo que seja feito em um parque, pois parque ainda é um espaço urbano. Eu uso o nome de *Penetrável* ainda, inclusive eles não têm nada a ver com a *Tropicália*.

O nome não indica que seja uma retomada, pelo contrário, o que veio antes foi o prólogo de alguma coisa absolutamente nova. Como se fosse uma fundação. Os textos que escrevi antes eram a culminação de obras, eram a síntese de obras. Mas, agora, inicia-se algo inteiramente novo.

Agora, o problema da cor. Senti a necessidade de usar a cor e isso é a *descoberta da cor*, e não tem nada com uma volta à cor, como disseram e vão voltar a dizer. Assim como já disseram que eu voltei para buscar as raízes que teria perdido. Isso eu acho uma coisa gravíssima, pois tem a ver diretamente com os processos de criação e de tudo. É uma coisa fundamental, e não se pode deixar para lá, pois isso desesclarece, inclusive a mim mesmo. Passa-se a acreditar no equívoco. Começam a falar tanto em raízes que se acaba acreditando por osmose.

É como se fosse uma doença.

É como uma doença que pega. Esse problema de volta às raízes é uma coisa subdesenvolvida, colonizada, que eu acho terrível no Brasil.

Também fazem-se julgamentos todos os dias.

É, julga-se tudo, como se fosse o dia do juízo final, isso é coisa colonizada da decadência judaico-cristã; é prestação de contas. Por exemplo, dei uma entrevista a um jornal do Rio e que tinha somente um caráter jornalístico e acabou virando um julgamento final. É como se tivesse chegado para prestar contas e julgar as pessoas e julgar a mim mesmo. E aí obrigam a pessoa a emitir um juízo sobre ela mesma, coisa que eu não sei fazer. Essa é a maneira mais perigosa de fazer um *approach*. Também perguntam muito: "o que você está fazendo?" e que é uma maneira de aproximar e afastar as pessoas, porque é a maneira de colocar a pessoa julgando ela mesma. Eu não sei nada, mas sei que estou nascendo, todos os dias. E sei de certas referências: por exemplo, sei da *descoberta da cor*, da *descoberta do espaço urbano*, que são coisas totalmente novas e que tudo o que veio antes era um prólogo, era um prelúdio. Essa coisa de cobrarem a obra passada que foi feita, como se fosse necessário fazer todos os dias uma série de atos para justificar o que você fez antes, e para dar continuidade. Quando a coisa criativa não é assim, a meu ver, cada coisa é uma inauguração nova. Tomei consciência disso fenomenologicamente, sentindo até no corpo, cada dia. Eu não sei de nada, por isso não posso dizer que nada acabou ou nada vai começar. Agora, uma coisa eu sei: o que acabou foram certas etapas, como certos trabalhos como os *Bólides* que, de repente, no Natal, eu resolvi fazer, mas não têm nada a ver com os antigos *Bólides*. São coisas feitas a mão, vidros e cores e são outra coisa.

Eu tinha alguns *ready made* guardados e de repente pensei em fazer alguma coisa para além desses *ready made*. Agora chamam-se *ready made topological landscapes* que, traduzido, é: "paisagem topológica *ready made*". São vidros onde eu coloco uma cor, esse aqui era um vidro de mel, encho de líquido colorido com anilina e por fora desliza uma fita ou faixa de borracha também de cor, então você muda a paisagem conforme você quer, subindo ou descendo a fita, sem dobrar, alterando a paisagem. Eu nunca pensei em voltar a mexer com as mãos, dessa maneira. E não se trata de retomada da cor, ou retomada dos *Bólides*.

Isso é uma verdadeira *descoberta da cor*. E cada vidro tem características diferentes, esse aqui tem a forma de bala e é enrugado, como costelas. O original era um vidro de cola americana. E a partir da forma do vidro eu achava a cor, *descobria a cor*. Isso tem a ver com os *Bólides* mas não é mais representação como o *Bólide* era, poderia dizer ainda, o fim da representação. Eu sei isso porque encontrei agora um *Bólide* antigo e notei logo a diferença de *approach*. E o fato de ser *ready made* é muito importante também. Esse trabalho é algo que me interessa muito no momento, e estou com vontade de fazer milhares. Trouxe anilinas que não depositam, para não ser preciso agitar, mas também posso partir exatamente do oposto e colocar pigmentos que terão que ser agitados. Esses *ready made* são mágicos e quando a luz incide projetam-se nas paredes, modificando tudo. E olho sempre por eles, pela janela, para ver a paisagem.

É como se você tivesse adquirindo uma sabedoria e um poder, que você usa hoje, quando quer. Você toca aqui ou ali e a coisa se transforma e não é uma coisa empobrecedora, redutora. Está no plano do poético.

Acho que a previsão disso eram as *C. C. – program in progress* onde eu propunha coisas às pessoas, como bem quisessem e elas tinham medo, como se tivessem medo da liberdade. Isso é horrível. Creio que li algo no *Crepúsculo dos deuses* onde Nietzsche dizia que certas datas desencadeavam um pretexto para criar coisas, como os feriados ou o Ano Novo.

Não importa se você não lembra bem da citação, mas é lindo, por que desencadeia o processo, criativo, bem longe dos romantismos de inspiração, e dentro de determinadas situações, bem definidas. Você assimilou um comportamento.

É, desencadeia, e agora os aniversários e feriados estão desencadeando minha atividade criativa.

Eu acho esses *ready made* mais intensos porque eles têm uma carga afetiva dentro da obra, na medida em que você faz para o aniversário de alguém, ele fica como que impregnado de uma carga afetiva, própria dele, naquele momento. E não importa o depois.

Também essa necessidade de fazer alguma coisa para ser fotografada, desencadeia algo. O *Parangolé*, que eu e Andréas Valentim fizemos para ser fotografado para a reportagem de um jornal, deveria ser de uma matéria especial que contrastasse com a cor azul do posto de salvamento escolhido como cenário. Usamos jornal, a textura do jornal deu o resultado desejado.

É como um comportamento gerador de outros comportamentos. De um sinal, parte-se em cadeia para outros sinais até formar um complexo organizado e que possui linguagem própria.

Esse posto foi escolhido por lembrar as obras de um arquiteto do neoplasticismo: J. J. P. Oud. Aliás, também a vanguarda russa e Sophie Taeuber Arp, entre outros, deveriam ser analisados cada dia. São fontes inesgotáveis de surpresas. São artistas fundamentais na formação de qualquer um. Indiretamente há a referência nessa foto do posto do Leblon.

Fale sobre o trabalho que você enviou à Bienal de São Paulo, passada, ou de 1977.

Não houve participação, meu trabalho-maquete continua inédito. Mandei o *video tape*, pois em vez de mandar uma maquete enorme, manda-se um *vídeo* onde gravei o processo de construção e funcionamento e um texto descrevendo o uso do projeto. Mandei ainda os cortes laterais e a planta baixa para os arquitetos poderem construir. Isso evitou de mandar a partitura original. O texto está até hoje na censura e era somente uma descrição técnica.

Descreva o projeto.

É difícil fazer uma descrição, sem ver. Chama-se *Magic Square*, o nome tem que ser em inglês porque *square* quer dizer ao mesmo tempo quadrado e praça. É todo baseado no quadrado, e partindo da planta que eu fiz como uma colagem, um plano entrando por dentro do outro e que lembrem coisas do Arp, do início. Trata-se de um papel parecendo papel de jornal, aliás são blocos, uns sobre os outros. Por cima disso estão colocados os painéis. São onze painéis de cinco por cinco metros, brancos dos dois lados e finos, leves. Um deles é fixo, os outros têm duas variações: alguns são pendurados e os outros são apoiados sobre rodinhas embutidas no chão. A diferença entre os dois tipos de painéis dão como resultado sensações diferentes – o barulho das rodas deslizando e o antipeso dos outros painéis dão duas experiências diversas. Levei seis meses para realizar a maquete, junto com arquitetos, para detalhar o projeto. Os painéis tinham que ser alvíssimos, levíssimos e em vez de pintados deveriam ser recobertos com plástico branco, sem emenda. A área total é de vinte e cinco metros quadrados.

Esse projeto deveria ser construído definitivamente, pois exige certos detalhes que não valeria a pena ser feito de maneira provisória, e é muito preciso. E não tem música e se constrói de silêncios e de branco sobre branco.

Então na medida em que as pessoas caminham pela área, o próprio pisar sobre a areia, o deslizar sobre as rodinhas dos painéis, o silêncio das folhas suspensas, constroem a própria música do projeto. Também acho que a referência do branco sobre branco remete à memória de Malévitch. Todo o construtivismo alimenta seus projetos, mesmo quando hoje você usa de uma liberdade incrível, é como se fosse uma impregnação vigorosa e transformadora. Seu trabalho tem uma clara linguagem que vem de linhagens afins desde a Semana de Arte Moderna, e passa por toda uma vivência brasileira. Todos os elementos de nossa cultura estão latentes em sua obra, mas nunca são ilustrações. Mesmo as referências à vanguarda russa são alimentadoras de um comportamento aberto lúcido e que dimensiona o repertório brasileiro. E não se fala de raízes, e outras coisas mais. Essa maquete construída aqui, e usada por gente daqui, obviamente será alimentada por conceitos daqui. Até o pisar na areia vai ser diferente, o gesto ao deslizar os painéis terá um ritmo diferente, o olho também verá diferente. E isso tudo não tem nada a ver com raízes e nacionalismos. É algo que envolve o sentido de espaço-tempo, próprios.

Continuando a descrição, rodeando essa área de 25 x 25 metros quadrados colocaria grama. Seria o espaço mesmo da praça e por isso daria o nome de *Magic square*. Imediatamente, associaram meu projeto como influenciado pelos "quadrados" de Klee ou Mondrian. Acho ótimo que associem, talvez façam parte de uma mesma linhagem, mas minha ideia não é "quadrados mágicos", o nome de meu projeto é *Quadrado-Praça-Mágico*. Não acho muito bom, e creio que vou pedir aos irmãos Campos para traduzir.

Esse nome, desse jeito, dá uma elipse verbal, você vai da palavra "quadrado", passa por cima de "praça" e vai cair em "mágico", é uma coisa bem visual.

É importante frisar que não são quadrados, formas no espaço, como em Le Parc. Eu me lembro que estava ouvindo um quarteto de Beethoven e de repente vi a estrutura pronta na minha frente – a estrutura lembrava a estrutura de quartetos, era uma experiência que me dava uma visão total da estrutura. Eu antigamente tocava música e podia ver os grupos de notas na minha frente. Foi a primeira vez que tive a sensação do espaço cúbico, do espaço ambiental, totalmente engendrado.

Quando realizei o *Livro da criação* também tive essa visão da estrutura toda pronta, todas as unidades no espaço, mentalmente. É curioso, quase todos os antigos participantes do Movimento Neoconcreto têm hoje alguma referência com o espaço topológico: Lygia Clark após a dissolução do grupo cria o *Caminhando*, organizado a partir da "fita de Moebius", que é um princípio do espaço topológico. Também trabalhei no projeto *Eat me – a gula ou a luxúria?*, sobre essa mesma "fita de Moebius", agora considerando o espaço dentro e fora do MAM como um plano contínuo e reversível – a exposição acontecia dentro e fora, ao mesmo tempo. Agora, Hélio, você me fala de suas "paisagens topológicas *ready made*" e que são também projetos dentro do mesmo princípio matemático. As três experiências são totalmente diferentes entre si, todas trabalhando dentro do mesmo princípio matemático e nenhuma, nunca, como uma mera ilustração do conceito.

Com referência ainda à maquete de São Paulo, quando me perguntam o que eu faço, sempre respondo: faço música, pois acho que isto está mais perto de música do que de outra coisa qualquer. E não se trata de coisa musical. É música. E quero ainda mais uma vez deixar bem claro que não retomei nada, como se

Falar em volta é complexo
de filho pródigo – uma coisa
judaico-cristã, decadente,
que Nietzsche acusou há
um século atrás e ninguém
entendeu. Não há voltas,
nem remorsos, nem
retomadas. Isso é complexo
de culpa cristã, tipo
ressentimento. Trata-se de
pensamento escravo.

tivesse perdido alguma coisa; como se as coisas que você tivesse feito antes estivessem perdidas. Você só retoma aquilo que você perdeu. Então se fala em retomada da cor, volta à cor etc. Pois se até os locais aonde você volta nunca são retomados – você descobre tudo de novo, a cada dia, como se fosse o primeiro. Falar em volta é complexo de filho pródigo – uma coisa judaico-cristã, decadente, que Nietzsche acusou há um século atrás e ninguém entendeu. Não há *voltas*, nem remorsos, nem retomadas. Isso é uma coisa mais do que resolvida em filosofia e psicanálise. Isto é um complexo de culpa cristã, tipo ressentimento. Trata-se de pensamento escravo. Voltar, significa chegar ao céu, retomar. Trata-se da psicologia do escravo.

Ondas do corpo

POR ANTONIO MANUEL

Ondas
do corpo
POR ANTONIO MANUEL

Texto realizado para o livro
inédito *Ondas do corpo*,
de Antonio Manuel, em 1978.

28 de agosto de 1978

Para livro de Antonio Manuel sobre o corpo e implicações na arte etc.

ANOTAÇÕES CONTA-GOTA

↓

PARANGOLÉ nas capas a descoberta do corpo
Extendida na TENDA

A CAPA → performance – vestir
A TENDA → abrigo-performance
que vislumbre OS NINHOS

(CAMA –BÓLIDE I: NINHOS EM LONDRES E NOVA YORK
AMBIENTES DE MORAR EM NOVA IORQUE)

pergunta-se:

Q RELAÇÃO TEM PARAGOLÉ
COM O FATO DE SER EU (NO SEU APARECIMENTO)
PASSISTA DA MANGUEIRA

PASSISTA $\rightarrow$ descoberta do corpo
PARANGOLÉ $\rightarrow$

O PASSISTA dança só
a descoberta do corpo descobre o <u>corpo só</u>
incorpora a individuação do corpo
individuação através do corpo

par a par com o PASSISTA
vem PARANGOLÉ

$\downarrow$

a CAPA faz o q a usa
descobri-la e ao corpo
simultaneamente

– A CAPA DESLOCA E DESMONTA O CONCEITO DE <u>OBRA</u>
– O PASSISTA E A CAPA LIBERAM O CORPO QUAL COMETA
Q ROLA POR ESPAÇOS LIVRES

com PARANGOLÉ quis eu e
tinha eu o sonho de criar

novas ordens a q chamava
de ESTRUTURA PARANGOLÉ $\rightarrow$

q eram essas
<u>ordens?</u>
essa
<u>estrutura?</u>

NADA MAIS Q ORDENS PARA ESTRUTURAR ALGO NOVÍSSIMO
DENTRO DO NOVO

$\downarrow$

A DESCOBERTA DO CORPO
COMO ESTRUTURA SENSORIAL INEXPLORADA
COMO MANACIAL INALIENÁVEL Q CONDUZIRIA
À ESTRUTURAÇÃO DO Q CHAMO
<u>O NOVO</u>
<u>COMO INVENÇÃO</u>

$\downarrow$

NÃO HÁ UM SEM O
OUTRO
A DESCOBERTA DO CORPO CONDUZIU
À ESTRUTURAÇÃO DO
<u>NOVO:</u>
Antes da descoberta-invenção do PARANGOLÉ já havia construído
NÚCLEOS PENETRÁVEIS BÓLIDES q introduziam o elemento da
participação do espectador

$\downarrow$

PARANGOLÉ VEIO ESTRUTURAR
A PARTICIPAÇÃO DO ESPECTADOR

conduzindo
paulatinamente o todo da experiência para a inclusão
de experiências
envolvendo o comportamento de ESPECTADOR
q passaria a PARTICIPADOR e
mais recentemente a CO-PROGRAMADOR DE
PERFORMANCE (definido como tal
pela primeira vez nos <u>textos-programa</u> feitos em NOVA IORQUE
ainda inéditos)

PARANGOLÉ gerou
TROPICÁLIA e as MANIFESTAÇÕES AMBIENTAIS
(no RIO EM LONDRES-WHITECHAPEL e
NOVA IORQUE-MUSEUM OF MODERN ART)

a estrutura – PARANGOLÉ
elástico-adaptativa funciona sempre de maneira renovada

chega
sempre como INSTAURAÇÃO DO NOVO:

PARANGOLÉ
propõe e conduz à
DANÇA
Ao
PERFORMAR
À
FANTASIA-VESTIR
(o conceito para muitos pejorativo de FANTASIA assume um
caráter importante acima do improvisatório: o VESTIR
improvisado torna-se elemento estrutural para a
<u>descoberta do corpo</u>)

às
RUAS
(incorporando-as como elemento vivo para PERFORMANCE
e incorporando o READY-MADE DUCHAMPIANO e o
OBJET TROUVÉ como estrutra-alimento do dia a dia
retirando o artista assim do marasmo bodento dos
ateliês)
ao
SONHO DO LAZER-AMBIENTAL FEITO E PROGRAMADO
NO DIA A DIA
(fazer o <u>chez-soi</u>:
NINHOS   mais recentemente
JARDINS KYOTO/GAUDI internos com
ESCOMBROS DA AV. PRES. VARGAS
(no estúdio da r. Carlos Góis
no Leblon)
à SÍNTESE-CONSTRUÇÃO

(q tem suas raízes nos NÚCLEOS e PENETRÁVEIS q
surgiram por sua vez do germe-teórico do NÃO-OBJETO
e do estado a q chamo BRANCO NO BRANCO
q não é mais uma fase ou
obra de MALÉVITCH somente mas um estado sine qua non
para a <u>chegada ao novo</u>: essa síntese se concretiza nas
maquetes de agora numa experiência a que chamo
INVENÇÃO DA COR e nesses dias numa outra q é
INVENÇÃO DA LUZ:
são elas e essa SÍNTESE a culminância do dia do veio
mais fino essencial e grandioso da arte moderna quem via
MALÉVITCH-MONDRIAN-NEOPLASTICISMO/
CONSTRUTIVISMO/BAHAUS/CONCRETO:
é o <u>alimento do novo</u>: é o <u>grito de aspiração à vida</u>)

PARANGOLÉ: atingimento programático da
    fundação de espaço   nisto se resume
a SÍNTESE TOTAL a q aspira a formulação de PARANGOLÉ
e a programática da
descoberta do corpo

    o sensorial livre já das experiências chamadas
sensoriais q se fundavam em manipulações corporais

FUNDAR O ESPAÇO

    programa além da arte

VANGUARDA É O DIA A DIA   se não mais existem
<u>movimentos vanguardistas</u> é porque cada um deve ser a
VANGUARDA: ELA SE FAZ E DESFAZ NO DIA

                    <u>ELA É</u>
O NOVO:

    <u>O NOVO A INVENÇÃO:</u>

E O INVENTOR é o único q tem relevância:
    é o único capaz de ser o protótipo-
modelo para o indivíduo q deverá emergir no processo de
    coletivização
emergente do qual fala SARTRE no livro sobre GENET:
    diz SARTRE   "Dividimo-nos como ele (GENET),

entre as exigências de uma ética <u>herdada</u> da propriedade
individual e uma ética coletivista em processo de formação"

O INVENTOR
EMERGE DE MODOS DIFERENTES A CADA DIA CADA VEZ MAIS
LIGADO A UM PROCESSO
COLETIVISTA DE AÇÃO

O INVENTOR INVENTA O NOVO NO DIA
DO DIA

ELE FAZ O NOVO DIA:

– o <u>corpo</u> e as experiências ditas sensoriais foram
e são a ponte necessária
para o INVENTOR emergir ⟶ não são o fim:
são pretextos sempre renováveis

<u>o corpo</u>
é como BRANCO NO BRANCO uma etapa-estado necessário
para a chegada ao
NOVO DIA DO INVENTOR:

as experiências e a invocação experimental envolvendo
o <u>corpo</u> sempre hão de aparecer e reaparecer de novos modos:
tantos quantos seriam os indivíduos a experimentá-las.

O corpo é como o BRANCO NO BRANCO uma etapa-estado necessário para a chegada ao NOVO DIA DO INVENTOR. As experiências e a invocação experimental envolvendo o corpo sempre hão de aparecer e reaparecer de novos modos: tantos quantos seriam os indivíduos a experimentá-las.

Um mito vadio

POR JARY CARDOSO

Um mito
vadio

POR JARY CARDOSO

Publicada originalmente na
Folha de S. Paulo,
em 5 de novembro de 1978.

[Hélio Oiticica] Bom, há 11 anos que eu não vinha a São Paulo, depois de sete anos em Nova York. A última vez que eu vim aqui foi pra fazer um negócio na rua – capa de *Parangolé* – que Caetano até vestia a roupa de capa de parangolé, Gil também, negócio de *Tropicália*, com artistas que tinham a ver com o assunto. *Tropicália*, originariamente, era um projeto que eu comecei a fazer em 1966, levado a cabo a primeira vez em 1967, no Museu de Arte Moderna do Rio. Era uma cabine, era a evolução de uma coisa que eu chamo *Penetráveis*. Então era uma cabine assim que a pessoa entrava dentro e encontrava coisas pra mexer, coisas de cheiro, feito capim cheiroso e coisas assim. E depois a pessoa entrava numa parte escura, atravessando por uma área de fios. E no fim da voltinha tinha uma televisão sempre ligada, e uma cadeira pra você sentar nela. Fora tinha como se fosse um jardim, de quintal com araras e plantas tropicais. Isso que era a *Tropicália,* que depois acabou gerando o movimento da *Tropicália...* Todo mundo já sabe a história porque Caetano Veloso se cansou de contar: primeiro ele usou "Tropicália" como nome de uma música e depois de um movimento...

[Luis Fernando] Só que o movimento *Tropicália* tinha também uma proposta de morrer, era uma coisa que começava e acabava. E a sua Tropicália é uma coisa que ainda tem permanência?

Tem permanência. Tudo que eu faço, a meu ver, é um programa em progresso, quer dizer, uma coisa tem que ver com a outra, mas no fundo é sempre a mesma coisa: tô sempre no marco zero, como uma condição criativa...

(Adiante Hélio volta a falar de São Paulo).

...Na realidade eu conheço muito pouco de São Paulo. A única coisa que eu conhecia de São Paulo era ali onde Torquato Neto e Caetano moravam – Torquato na São João e Caetano na São Luís. E no Ibirapuera eu também sei me localizar por causa das Bienais que eu vinha... Tem um negócio de São Paulo que é muito legal, que eu amo. Sei lá, porque é um Brasil tão diferente do Rio! O Rio dá a impressão que todas as pessoas que vieram de outros lugares chegam lá e ficam, é o ponto final, é a rodoviária do Brasil, entende? Ao passo que São Paulo dá a impressão que é o meio-caminho, um ponto de encontro; é diferente, é o ponto de passagem. O Rio de Janeiro é o ponto final, onde chegam os comboios dos degradados do Brasil.

(Agora o tema é a televisão).

A televisão pra mim é como o rádio era antes da televisão. Eu não podia conceber a vida sem o rádio, nos anos 1940 e no começo dos anos 1950. Uma vez eu escrevi que eu sou filho do rádio, sim, sabe por quê? Por exemplo, tinha o negócio da guerra:

a minha primeira infância foi passada toda durante a guerra, quer dizer, eu nem concebia o mundo sem guerra, porque a gente ouvia pela BBC, em ondas curtas, você ouvia até as bombas caindo em Londres. Agora, você sabe que a primeira vez que eu comecei a me ligar em Elvis e Little Richard era meu pai que fazia questão de ouvir todo dia, negócio de "Hoje é dia de rock", às 5 horas da tarde... Porque nós moramos nos Estados Unidos entre 1948 e 1950, e depois meu pai tinha obsessão por toda essa coisa de música americana, sob todos os pontos de vista. Então, ele é que na realidade descobriu Elvis pra mim, porque eu era macaca de auditório, só ouvia Ângela Maria, Cauby, o dia inteiro, no máximo volume. De vez em quando eu ia lá no auditório. Sábado à tarde eu ficava trabalhando o tempo todo, toda a produção minha dos anos 1950 foi ao som da Rádio Nacional...

(Hélio lembra um sucesso da época – *Escuta*, de Ivon Cury, gravado por Ângela Maria, e canta junto com Macalé: "Escuta, vamos fazer o contrato, lá-rá-rá-li-rárá...")

[Luis Fernando] E essa sua participação no Parque Ecológico do Tietê, como é que é?

Bom, ultimamente, em Nova York, eu entrei numa outra coisa, que era um velho sonho meu, de criar estruturas que pudessem ser usadas por um grande número de público, que não fosse depender de alguém promover uma performance (trabalho de arte). Eu tava sentindo falta de uma coisa assim que de repente pudesse se concretizar rapidamente, fisicamente, que também não fosse mais a velha coisa da obra pela obra e a velha relação entre artista e obra aberta, em nada disso. Quer dizer, o próprio dia a dia, pra mim, é a construção de uma obra, o dia completo é a obra. Como também não existe mais o movimento de vanguarda: cada dia, o dia a dia é a vanguarda, entende? Aí eu comecei a fazer um negócio assim de umas maquetes que fossem e pudessem ser uma praça... inclusive eu chamo de *Magic square*, porque *square* é quadrado e é praça ao mesmo tempo. Que pudesse ser uma coisa que ficasse permanentemente ali, pra uso do público... Então há essa oportunidade, que eu fui convidado pelo Rui Othake e pela Aracy Amaral para fazer o Parque Ecológico do Tietê... Eu acho uma coisa essencial pra São Paulo, mas eu acho que ninguém sabe se no próximo governo (Maluf) ela vai ser levada adiante. Tem esse perigo também, de nada acontecer. Se bem que é uma obra de despoluição do rio Tietê e da criação de um parque de 140 quilômetros quadrados, 120 vezes maior do que o Parque Ibirapuera; bordejando os dois lados do rio Tietê, vai ter áreas de lazer... Tem vários artistas que foram convidados pra fazer coisas, como Sérgio Camargo. E eu já realizei algumas coisas – essas obras eu chamo *A invenção da cor*. Não tem nada a ver com pintura, nem evolução da pintura. É uma utilização totalmente nova da cor, não é a utilização dos escultores nem dos arquitetos. Ela tem elementos de todas essas coisas, mas a cor vive independentemente.

[Luis Fernando] Tem também a coisa do branco no branco... Você tem um trabalho que é todo branco e outro dia a gente tava falando sobre o trabalho de Regina Vater, que todo mundo tem que passar pelo branco. Como é que é essa coisa do branco?
Nesse meu negócio do conglomerado, quer dizer, é um livro que não é livro, é conglomerado. Nele, em vez de ter seções ou partes de um livro, eu chamo blocos, e um dos blocos eu chamo *Branco no branco*. Agora, isso não é só uma obra que eu fiz ou uma fase que eu passei. Eu acho que branco no branco é um estado de invenção, que é irreversível, ou você passa por ele ou não. É a mesma coisa que o rock: ou você entrou no rock ou não e você nunca pode voltar atrás...

(Macalé acabara de pôr um disco dos Rolling Stones na vitrola).
...O rock também é um estado de invenção, entra também o negócio da dança e tudo. Dizer que o rock evoluiu pra *discothe-*

que, isso não existe, isso é uma das maiores burrices que já foram inventadas. Tem um negócio genial que eu li, não sei se era o Mick Jagger que falava, que "rock is loud". Quer dizer, o fato do rock ser alto é importantíssimo, ele entra dentro de você, não é uma coisa a mais que você vá dançar: a dança já está incorporada a você, você inventa a dança. E hoje rock é uma coisa que qualquer dona de casa da Inglaterra dança, ela não dança pela música, ela inventa a dança. Rock é uma coisa que incita você a inventar a dança. E isso é muito importante porque quem não entrou no rock tá vivendo no passado. A meu ver é a mesma coisa que aconteceu com a valsa quando foi introduzida na época de Napoleão. E a valsa mudou toda a estrutura da dança: começou a colar o corpo com o corpo, foi a primeira vez que as pessoas começaram a dançar corpo com corpo. O rock separou o corpo com corpo, ninguém dança com ninguém, foi a descoberta do corpo, a pessoa na realidade dança sozinha... Numa das performances que eu planejei tinha um ne-gócio que eu chamo *Dança é a dança que se dança*, porque você é que inventa sua própria dança. Então eu hoje ouço várias pessoas dizendo assim: "ah, eu vou lá prum lugar pra aprender passos de dança". Pô, qualé? Isso eu acho que são pessoas que não entraram no rock. A própria coreografia de discoteca, quando é legal, é uma coisa inventada pelas pessoas e não uma coisa aprendida, como se fosse passo de valsa, passo de conga.

[Jary] Você tá comparando o rock ao branco no branco...

...Como coisas irreversíveis, estados de invenção; não é estado de espírito, é um estado de invenção que cada pessoa passa de uma maneira diferente. Não quer dizer que ela vá pintar quadro branco no branco, não, é um estado irreversível de modernidade. Tem muita gente que pensa, porque gosta de certas coisas mo-dernas, que ela deixou de ser acadêmica. Principalmente no Brasil eu notei que existe muito uma mentalidade acadêmica, de ainda aprender arte, como se arte fosse uma coisa que se aprende, dança também. Isso é uma coisa terrível, colonizada, eu acho. É o lado colonizado que há no Brasil, que eu acho muito ruim. Aliás, nos Estados Unidos, se bem que as pessoas estejam mais imersas no rock, sem querer elas já superaram isso. Rock é uma coisa que você não vai a ele, ele vem a você. É o mesmo fenômeno que aconteceu com a televisão, entende? Por isso que, a meu ver, rock e televisão tão muito afins, são a mesma coisa no fundo. Ela vem a você, você não vai a ela. Então não existe esse negócio de querer fazer uma evolução qualitativa, isso McLuhan mesmo já falava. É o máximo do absurdo querer falar em termos qualitativos, que é uma coisa que pertence ao passado, a uma estrutura gutemberguiana, querer aplicar isso ao rock e à televisão. Tem muita gente que diz assim: "Ah, a televisão ainda não atingiu um nível qualitativo bom", como se a televisão fosse boa ou ruim, quando não existem esses valores, são valores totalmente acadêmicos que não têm aplicação. Isso é uma coisa de valores lineares, de começo, meio e fim, que tem que ver com o império romano ou com o cristianismo. Quer dizer, na realidade é um conceito cristão de bom e de mau...

[Macalé] Você falou em dança, me lembrei da Mangueira, da sua relação com a dança, como passista...

Foi com a Mangueira que eu descobri esse negócio que dança é a dança que se dança. A única diferença que há entre samba e rock é que no samba, você tem que ser iniciado nele, pra você poder usufruir dessa descoberta do corpo dançando sozinho. Agora, o rock dispensa esse estágio de iniciação. Ao passo que o samba é uma coisa ainda ligada à terra, ligada a coisas místicas das quais o rock prescinde. O rock já sintetiza tudo isso, você já é iniciado desde que ele te atinge. O samba eu tive que ir a ele.

(Macalé põe Nelson Cavaquinho cantando "O sol há de brilhar mais uma vez...". Mas Hélio continua falando de rock, agora ainda mais polêmico)

Ainda existe muito no Brasil essa discussão de "invasão estrangeira", toda essa coisa. Essa discussão há dez anos atrás já era chata, sempre foi chata; agora, então, é insuportável. Tem um negócio que a Gertrude Stein disse sobre a Terra: antigamente as pessoas eram apresentadas umas às outras, mas hoje não há sentido mais nisso, porque a Terra está coberta de gente. Então, é a mesma coisa que acontece com a música. A Terra inteira é uma coisa só não existe mais esse nacionalismo. Na realidade tudo que é moderno é americano, vamos dizer. Não quer dizer que pertença aos Estados Unidos. Os Rolling Stones, por exemplo, são ingleses, nunca tinham ido aos Estados Unidos, mas na realidade eles levaram adiante o blues de Chicago, apesar deles morarem num subúrbio de Londres. Quer dizer, hoje em dia a música... você não tem mais que estar num local para fazer ela, ela pertence ao mundo. Então eu não entendo porque as pessoas falam em diferença entre música brasileira e música americana, isso é uma coisa de uma burrice que até hoje não entendi o quê que é isso – eu vejo tudo como uma coisa só.

[Macalé] Al Jarreau falou exatamente isso (quando esteve aqui no Festival de Jazz).

Tudo é americano na verdade, isto é, o mundo inteiro é americano. O samba é americano, o Brasil é americano... aliás, nós estamos na América, já começa por aí. Não existe esse negócio de rock inglês, música latino-americana – tudo é americano, pronto. Isto é, não quer dizer que está sob a tutela dos Estados Unidos, não é isso. Tudo é uma coisa só.

[Jary] No seu trabalho artístico, esse seu interesse por música e dança se liga com as artes visuais?

Primeiro eu acho que artes visuais não existem separadas. Tudo que eu faço, na realidade, é música. Não existem artes plásticas pra mim, entende? Eu não gosto dessas classificações.

Tudo que eu faço é música, não quer dizer que eu escreva partituras de música. É que meu trabalho tá ligado à estrutura do que você possa conceber como música. Aliás, de todas as artes antigas, classificadas como artes, a música é a que é realmente a mais total. Isso tudo se tornou um estado de invenção. Se não são estados de invenção não têm importância nenhuma. Na realidade só existe invenção, não existe mais aquelas categorias do Ezra Pound, de diluição, mestre e inventor. Eu acho que todos são inventores, senão não interessa. Hoje o estado de invenção chegou a um ponto que você não pode mais imaginar alguém diluir Jimi Hendrix. É impossível, ou você é um inventor ou não é. Por isso que não há mais essa preocupação de se abrigar da diluição. Eu considero que tudo o que eu penso e faço esteja imune à diluição, e deveria ser assim, a meu ver.

[Jary] Esse estado de invenção seria, então, uma maneira de ser? (entra João Giberto cantando *S'Wonderful***)**

É, exato. Quer dizer, pra mim veio numa evolução lenta, de muitos e muitos anos. Pras pessoas que tão começando agora eu acho que viria mais automaticamente, mais rápido. Quer dizer, eu acho que as pessoas vão ficando cada vez mais com habilidade de entrar nessas coisas. O Sartre acha o seguinte: que a gente tá numa época de passagem de uma estrutura individualista pra uma estrutura coletivista que emerge. Quer dizer, a gente faz parte dessa passagem.

[Luis Fernando] Quando nós chegamos aqui (no quarto de Macalé) tinha um livro, *Ação Direta*, **de José Oiticica...**

É, livro de cabeceira da Macaleia... pode botar Macaleia mesmo, porque eu chamo todo mundo pelo feminino, os homens e as mulheres..

[Luis Fernando] O nome desta entrevista é *intersexview*.

Bom, José Oiticica era meu avô, que foi um líder anarquista no Brasil e que tinha um jornal chamado *Ação Direta*. E republicaram essas coisas em livro. Ele tinha também um livro chamado *O anarquismo ao alcance de todos*. E tudo isso é banido no Brasil, é lógico, você sabe, vivemos numa ditadura que não é a do proletariado, ainda. Agora, José Oiticica era um filólogo, era um cara dos mais inteligentes que já existiram no Brasil. É por isso inclusive que eu sei todas as línguas latinas bem. Eu falo bem francês – aliás o francês eu falo desde os sete anos; eu leio bem italiano; e eu estudava latim com o meu avô, ele falava onze línguas. Ele tinha uma fantasia de que a língua portuguesa será a mais falada do mundo, junto com o chinês. Aliás, agora nos Estados Unidos, várias vezes eu vi textos de gente falando que a língua portuguesa, daqui a alguns anos, vai ser das mais faladas no mundo.

[Macalé] Ele não escrevia em esperanto, inclusive?

Esperanto ele sabia, claro. Esperanto tinha um negócio de ser a língua do anarquismo, o que eu acho uma loucura, mas, enfim... Acho que o inglês, hoje em dia, virou a língua do anarquismo. As línguas mais internacionais são as mais anarquistas, é claro, porque eliminam as fronteiras.

[Macalé] E Sônia? Sônia Oiticica?

Sônia Oiticica é a minha tia, filha do José Oiticica. E ela é uma atriz fantástica, atriz favorita de Nelson Rodrigues, da época da Companhia Dramática Nacional, quando o Nelson lançou *A falecida, Senhora dos afogados, Perdoa-me por me traíres* – essas três peças eu me lembro das estreias, foram escândalos como eu nunca vi iguais. Em *Perdoa-me por me traíres* saiu porrada na plateia, foi uma loucura, porque se passava num bordel do Mangue. Minha tia fazia o papel da cafetina Madame Nuba. E na *A falecida*, que a meu ver é o grande clássico, a maior maravilha de Nelson Rodrigues... Eu me lembro que era ela e Sérgio Cardoso que faziam, ela é uma atriz fantástica , que devia ser mais aproveitada pelos cineastas que estão tão prósperos...

[Jary] Fale mais do anarquismo de seu avô.

Tinha princípios de comportamento que, pra mim, eram coisas que me guiavam, que eu nunca mais me esqueci, coisas que meu pai me contou. Uma delas é que alguém escolheu o meu avô pra fazer parte de um júri, que ia julgar alguém, coisa policial. Ele não podia se negar a fazer parte porque senão ia preso. Aí ele chegou lá e disse: "Olha, eu vou fazer parte do júri, mas eu aviso de antemão que eu absolverei sempre". Isso é uma coisa que nunca me saiu da cabeça e é uma coisa que, pra mim, eu posso até ver alguém matar a minha mãe e ainda depois perdoar essa pessoa. Quer dizer, perdoar é um pouco difícil, mas jamais perdoarei alguém que entrega alguém, entende? Pra mim, a pessoa que entrega ou que condena alguém... é o crime pior, pior ainda do que matar.

[Jary] Mesmo sob tortura?

Mesmo sob tortura. Meu avô foi torturado... Tem um amigo meu que prenderam ele com um revólver meu na mão, ele levou surra durante cinco dias pra dizer de quem era o revólver e não disse que era meu, pra não me envolver. Quer dizer, e acho que é a pior coisa entregar, denunciar, dedurar, condenar alguém. Isso é um princípio anarquista, um princípio ético que me impressionou muito. E me impressionou muito meu pai contar isso, era uma coisa que ele endossava.

(mais adiante Hélio fala dos tempos de Getúlio)

Na época do Getúlio, eu me lembro que toda hora, quando ia a polícia na casa do meu avô, diziam "depressa", porque tinha que esconder correndo os livros dentro do piano de cauda. E já havia a mania de levarem livros de Dostoiévski, porque tem nome russo. Outra coisa era a safadeza da polícia de roubar livros valiosos, porque ele tinha uma biblioteca fantástica. Meu avô conhecia o Getúlio, porque Getúlio jogava golfe nas terras que meu avô tinha no Rio Grande do Sul. E Getúlio gostava muito da minha avó, aí dava colher de chá quando meu avô era preso. A minha vó sabia a hora que o Getúlio ia molhar as flores, ele tinha um quintal favorito de flores, no Palácio do Catete. Aí minha avó chegava na grade, fazia um sinal e ele: "Dona Sinhá, venha tomar um chá. Eu já sei o quê que é, ele tá em cana outra vez". Aí soltava ele, uma semana depois outra vez a mesma coisa. E naquela época era na Ilha Rasa que prendiam. Sendo que ele já começou a ser preso na época do Artur Bernardes, que foi o pior de todos, era uma repressão! Já torturavam. Aliás, Getúlio também foi horrível, né? Porque o Coisa castrava as pessoas.

[Jary] Filinto Müller?

É. Outra coisa é que Getúlio gostava do meu avô, achava ele inteligentíssimo, eles até conversavam. E o Getúlio adorava um desafiozinho. Quer dizer, meu avô tinha tratamento especial, vamos dizer. Mesmo porque anarquismo era mal visto por todo mundo que era católico e representava um perigo grande. Meu avô atacava os padres da maneira mais... aliás, duas coisas que sempre foram consideradas horríveis: uma era padre, outra era militar, "porque militar é treinado para matar". E padre era uma coisa assim como "treinado pra matar o espírito da pessoa", sei lá o quê. E meu pai me proibiu de fazer serviço militar porque pra ele era um acinte isso.

[Macalé] (segurando o livro *Ação Direta*, de capa vermelha). O incrível é o seguinte: tem um artigo em que José Oiticica fala num padre anarquista, com um ponto de exclamação imenso no título. É o padre católico Jean Natal Groishman e seu poema

metafísico, onde o poeta, quer dizer, o padre diz coisas assim: "A anarquia é a verdadeira ordem entre os homens, o resto é mero comércio". Isso é lindo! (pausa para o café; Hélio fala de seu "acervo")

Um amigo meu, o Eduardo Costa, deixou o *Ladrilho* de Duchamp, lá em casa. Tenho Lygia Clark, Serpa, obras minhas, do meu pai – meu pai era fotógrafo amador e também fazia relevos; tem obras do Sérgio Camargo. Que tal o meu acervo? Eu já posso cobrar entrada, tá melhor que o acervo do Museu de Arte Moderna antes de queimar (risos). Se bem que o Museu tinha dois quadros do Paul Klee que eu quereria ter roubado, sonhava com isso, mas nunca consegui. Agora o meu sonho máximo é roubar o Mondrian de Niomar Muniz Sodré (gargalhadas de Macao), ela é a única que tem um Mondrian em casa no Brasil. Ou então me casar com Niomar Muniz Sodré e me instalar naquela mordomia.

(Macalé tinha perguntado sobre a formação artística de Hélio)

São artistas que eu considero parte da minha formação: Klee, Mondrian... É a mesma coisa que Mozart, sem eles eu não podia imaginar o conceito de arte. Rimbaud eu descobri mais recentemente em Nova York, que eu acho muito essencial, também. Agora, eu sou filho de Nietzsche e enteado de Artaud. Nietzsche eu lia desde os 13 anos. Klee, pra mim, eu vejo como um artista concreto, como Dante é um poeta concreto, entende? Sei lá, é também uma coisa assim da não repetição, é a liberação da invenção. Acho que o Klee sempre me alimenta por causa disso: não há nada que não seja invenção, o tempo todo. Isso é uma coisa que tá muito afim com tudo ao que eu cheguei.

(Macalé põe na vitrola um concerto de Mozart para piano)

(depois de um longo silêncio, todos ouvindo) – Maravilha! Mozart é a mesma coisa que o Klee. Quer dizer, a invenção como única coisa que você tem a fazer. O que neles tinha que se estratificar numa forma de arte pode ser aplicado como forma de comportamento. Quer dizer, é imune ao tédio, é imune ao bode. Isso é importantíssimo, senão não é arte, você não acha isso?

[Macalé] Claro, somos do esquadrão da vida!

Era o que o Nietzsche tinha contra o Wagner, aquela coisa bodenta, com coisa mística por trás, de decadência cristã, coisa de protestante alemão, que é dum bode! Uma das primeiras lições que aprendi com o Klee: nunca tomar decisões, não fazer nada quando você tá em crise, você não pode forçar a barra. Quando uma coisa não encontra solução eu deixo a coisa de lado, senão não dá. A maioria dos artistas erram nisso e caem naquela esparrela.

[Macalé] Aliás, Lygia (Clark) me disse isso: se esvazie totalmente e deixe nascer o novo, é a única forma.
(depois o assunto muda, da vanguarda para a marginália)

Eu sempre tive uma relação imensa com as ruas do Rio. A minha relação era assim: conhecer gente de rua, principalmente turmas da Central do Brasil. Eu estou nas ruas há uns 25 anos. Eu sou uma pessoa que pertence às ruas, nunca me contento com uma coisa só, quero muitas, quanto mais mais... Aí a rua, pra mim, era um alimento também que contrapunha toda a coisa mais abstrata – eu tinha uma tendência muito perigosa a me encerrar muito nas ideias, o que acontece com todos os artistas, a meu ver. Eu me sentia velho quando eu era adolescente. Então a rua era uma maneira de eu deixar de ser velho, e também uma iniciação sexual, é lógico. Nada melhor do que as ruas para iniciar as pessoas sexualmente e em todos os ramos, ah-ah-ah, os mais absurdos possíveis e você pode crer que eu já passei por eles. Aí o que aconteceu foi o seguinte: no começo dos anos 1960, um amigo meu, que é escultor, chamado Fernando Jackson Ribeiro, ia fazer a alegoria da Mangueira junto com o Amilcar de Castro,

que é um escultor do grupo neoconcreto que eu gosto muito... Aí eu comecei a encontrar a Rose, que nessa época era mulher do Roberto Paulino de Oliveira, que era o presidente da Mangueira. Rose era amante dele, era uma mulata lindíssima, de uma família tradicional do Estácio. Aí, através de Rose que eu me introduzi em tudo. O pai dela era considerado um dos maiores partideiros de partido alto, junto com a mãe dela, a Zezé. Então aí que eu me introduzi no Mangue: a gente morava na zona, tinha uma casa grande, onde obviamente eu vi tudo que o havia de mais interessante. Aí me introduzi na Mangueira e eventualmente eu me tornei passista da Mangueira, que foi uma transformação louca da minha vida, era uma obsessão total. Em 1965 foi a primeira vez que eu desfilei na avenida Atlântica, no carnaval do 4º centenário do Rio. Desfilei até 1968, em 1969 eu já tava em Londres... Eu conheci todo o pessoal, Cara de Cavalo, o irmão da Rose, que era muito amigo meu, o Renô. Ele ficou uns anos na prisão e depois foi solto, um ano depois que ele foi solto mataram ele durante o carnaval, ele desfilava pela Unidos de São Carlos. Alguém assassinou ele com um golpe de tambor, perto do Museu de Arte Moderna. Ele era inclusive parceiro de Macalé.
(Macalé fala de "Abismo de pedras", que compôs em parceria com Renô).

[**Macalé**] **É lindíssimo, ele passava por todas pedras e chegava na beira do precipício, mas nunca caía.**

Nossa senhora, que barra!

[**Macalé**] **É uma barra pesadíssima.**
(o passista Hélio Oiticica)

Eu sou muito bom passista. Um passista chamado Miro, amigo meu, que é um grande sambista, que me iniciou. E eu sambava sempre com ele nos shows. No desfile eu tinha um trio, chamava Trio do Embalo Maluco, que era eu, Nildo e um cara chamado Santa Teresa. Em trio você tem que sambar o tempo todo, sai destacado das outras pessoas, não sai em ala não.

(insistimos para que Hélio fale mais dos marginais que conheceu, como Miguelzinho da Lapa, primo de Rose, morto há alguns anos no Morro de São Carlos; mas o assunto o entristece).

Sabe o que eu descobri? Que há um programa de genocídio, porque a maioria das pessoas que eu conhecia na Mangueira ou tão presas ou foram assassinadas. A Mangueira... eu tive lá recentemente, eu quero sambar como passista da Mangueira outra vez, no ano que vem. Só tenho que treinar a respiração outra vez, porque há muito tempo eu não danço. Mas eu ia mais no samba antigamente do que agora. Por exemplo, no aniversário da Mangueira teve tudo menos samba, tinha homenagem a coronéis da polícia que ajudaram a Mangueira, muitas homenagens. Tô achando a Mangueira um pouco fria para o que eu tava esperando, também tá fora da época de samba. Mas na minha época o samba costumava ser o ano inteiro. E isso tá me deixando um pouco triste, sei lá. Também porque eu começo a ver fantasma demais, eu começo a pensar numa porção de amigos meus que não tão mais lá, isso me chateia muito.

[Macalé] E Cara de Cavalo?

Tem uma obra minha que eu fiz em homenagem a ele, depois que assassinaram ele de maneira planejada... Isso aí foi obra do Lacerda, a invenção do inimigo público número 1 no Brasil foi obra dele. Mas o Cara de Cavalo eu encontrava todo dia lá, ele morava na Favela do Esqueleto. Eu conhecia todo o pessoal do Morro do Quieto. Morro da Favela, eu sempre gostei desses ambientes. A minha vida é praticamente na rua, eu tenho uma facilidade enorme em fazer amizade com pessoas que eu não conheço. Então eu sou sempre meio chegado a um ambiente onde tem gente vagabunda, sem nada o que fazer, sentado, be-

bendo cerveja. As melhores coisas de música... Olha, de Nelson Cavaquinho e de tudo que é compositor de samba de morro, eu vi muita coisa que provavelmente nunca será gravada ou virá ao grande público. Essas noites em biroscas da Mangueira... Tinha marginais contando histórias: fulano de tal foi preso, aconteceu isso... Todo dia tinha uma novidade, era uma incrementação permanente, pra não falar no mundo de drogas, que eu já tava dentro dele muito antes de virar moda. Agora tá tão chato que eu virei a pessoa mais careta que Deus pôs na Terra, só bebo soda limonada e cerveja de vez em quando, quando eu encontro o Macalé. E depois das últimas experiências em Nova York, que foram muito intensas, eu agora tô dando uma assim de correr e tomar sucos, e o mar do Rio tá suprindo... não que uma coisa substitua a outra. Eu acho que a apologia da droga ou condenação da droga, uma e outra são erradas, são a mesma bobagem. Só a pessoa que toma droga pode saber a relação dela com a droga, que não pode ser guia pra ninguém, de modo que é um assunto que nem interessa muito falar.

(Macalé encerra a entrevista como começou, com Caetano: "Alguma coisa acontece no meu coração...")

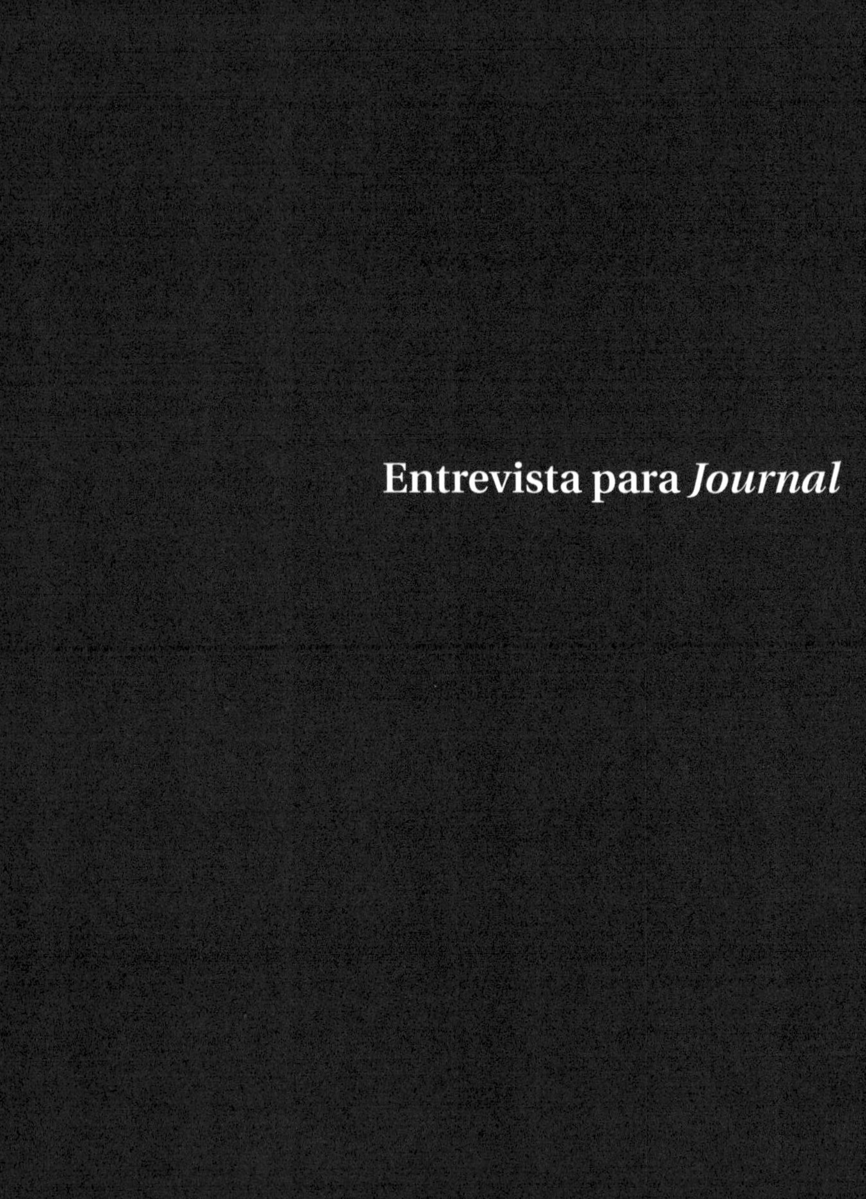

Entrevista para *Journal*

POR CARLA STELLWEG

Entrevista
para *Journal*

POR CARLA STELLWEG

Publicada originalmente
em *Journal*, em 1 de
novembro de 1979.
Tradução de Renato Rezende.

Quais são os fatores que determinam a produção artística em seu país, e qual a sua atitude em relação a eles?

Minha abordagem sempre foi e sempre será experimental: do meu ponto de vista a única postura realmente inventiva e completamente criativa (o que significa: inteligente, não colonizado) é experimental: não há nenhuma razão para um artista brasileiro voltar-se para o passado ou pensar sobre o passado: Mário Pedrosa (grande teórico da arte e cientista político brasileiro) disse uma vez que o Brasil é um país *comprometido em ser moderno* e isto se aplica totalmente neste caso.

Qual é a sua atitude em relação aos canais de distribuição disponíveis para o seu trabalho no seu país?

Sendo experimental, meu trabalho é de difícil difusão no meu país. Tenho duas opções: (a) publicá-lo (já que tenho mui-

Minha abordagem sempre foi e sempre será experimental: do meu ponto de vista a única postura realmente inventiva e completamente criativa (o que significa: inteligente, não colonizado) é experimental. Mário Pedrosa disse uma vez que o Brasil é um país comprometido em ser moderno e isto se aplica totalmente ao caso.

tos textos teóricos e inventivos: tenho projetos que só podem se tornar conhecidos e executados se forem publicados): mas publicá-los esbarra na dificuldade de encontrar os meios apropriados (usualmente a pessoa precisa produzir seu próprio livro): (b) construí-los (fiz muitos modelos para espaços abertos: há uma nova série de modelos dos que eu chamo de *Penetráveis*, chamados *Magic squares*: eles devem ser construídos não apenas em espaços públicos, mas têm como objetivo criar novas relações envolvendo participação coletiva num trabalho que será muito diferente dos antigos trabalhos (voltados à monumentalidade).

Qual é a resposta que sua produção artística recebe?

Pessoas jovens e alguns poetas e artistas inteligentes de vanguarda geralmente recebem bem o meu trabalho – assim como pessoas ligadas ao mundo do samba – alguns experimentos notáveis foram feitos com pessoas de rua (usualmente envolvendo capas *Parangolé* feitas de tecido pintado e material colorido para serem vestidas e também para se dançar com) – a resposta das pessoas do mundo artístico restrito tem sido cheia de reserva e indiferença.

Qual é, se algum, o denominador comum que possa identificar a arte latino-americana?

Não vejo a importância de um tal denominador comum: mas se existe um ele pode ser identificado em duas partes: (a) a arte colonizada (na qual eu incluo a assim chamada arte primitiva e o pseudo-expressionismo), uma diluição total de modelos europeus, com uma implicação indígena, como a do *artista regional*: (b) a tentativa de estabelecer um tipo de experimentação que se relaciona com as tendências da arquitetura e arte experimental de vanguarda, com perspectivas progressivas: ela coloca problemas e é mais ambiciosa (penso em algumas experiências da arte mexicana, argentina e brasileira).

**Qual a relação que você vê entre a arte chicana e a arte latino-
-americana?**

Infelizmente não sei propriamente qual é qual, existe, que eu saiba, um movimento recente chamado arte chicana nos EUA: a arte latino-americana seria toda a produção feita nos países latino-americanos, incluindo tanto as tendências mais tradicionais quanto as mais experimentais.

HO

POR IVAN CARDOSO

HO
POR IVAN CARDOSO

Depoimento especial
para o filme *HO*,
em janeiro de 1979.

... eu comecei com Ivan Serpa no grupo frente, em 1954... mas a meu ver a partir do movimento neoconcreto, quando eu comecei a propor a saída para o espaço, a desintegração do quadro... isso tudo aí que eu realmente comecei a criar algo só meu e totalmente característico. A desintegração do quadro foi na verdade a desintegração da pintura, ela é irreversível, não há possibilidade, nem razão, para uma volta à pintura ou à escultura. Só daí para frente... daí, então eu parti para criação de novas ordens, que se dirigiram da primeira série de espaços significantes, para uma abolição da estrutura significante... eu procurava instaurar significados, que depois eu fui totalmente abolindo... Havia uma certa influência de Merleau Ponty e das teorias do Gullar na evolução da Lygia Clark por exemplo, essa coisa foi indo para coisa imanente, ela descobriu o negócio da imanência... para mim foi uma abolição cada vez maior de estruturas de significados, até eu chegar ao que considero a invenção pura... *Penetráveis, Núcleos, Bólides, Parangolés*, foram o caminho para a descoberta do que eu chamo de "estado de invenção", acho que daí é impossível haver diluição, não se trata de ficar nas ideias... não existe ideia separada do objeto, nunca existiu, o que existe é a invenção... não há mais possibilidade de existir estilo, ou a possibilidade de existir uma forma de expressão unilateral como seja a pintura, a escultura departamentalizada... só existe o grande mundo da invenção... *Penetráveis* e *Núcleos* eu comecei em 1960.

Penetráveis eram estruturas de cor nas quais você entrava e tinha que pisar a cor, a cor refletia em você... eu construí um projeto chamado *Projeto Cães de Caça*, que incluía o *poema enterrado* do Gullar e o *teatro integral* de Reynaldo Jardim, nesse projeto você entrava por labirintos de cor, através de uma extensão de areia. Os *Núcleos* ainda eram uma consequência direta da ida da pintura para o espaço, eram estruturas penduradas, nas quais você tinha que caminhar através de placas de cor... Em 1963 eu comecei os *Bólides* que eram peças manipuláveis de cor, que você tinha que olhar por buracos, olhar através de frestas cores mais fortes, que se escondiam umas por dentro das outras. Em 1964 eu criei as primeiras capas de *Parangolés*, *Capa Estandarte* e *Tenda de Parangolés*, nesse caso, as capas de *Parangolés* eram estruturas que você tinha que vestir no corpo, que se tornavam extensões do corpo... eram estruturas que propunham um não teatro, um não ritual, um não-objeto de arte, um não mito, também há uma grande proximidade entre o *Parangolé* e o que ficou conceituado como fantasia... havia gente que criticava dizendo: isso não passa de uma fantasia. Na realidade, em Nova York eu descobri que a fantasia era uma coisa importante, até escrevi um negócio que dizia: o trivial da fantasia, que mesmo quando não quer insistir em ter um papel, não se reduz a ele, nem se reduz a uma interpretação dele. A fantasia quando é invenção gratuita e improvisação trivial é o que mais se aproxima do que pode vir a ser o *Parangolé*.

Em Nova York descobri que
a fantasia era uma coisa
importante, até escrevi um
negócio que dizia: o trivial
da fantasia, que mesmo
quando não quer insistir em
ter um papel, não se reduz
a ele, nem se reduz a uma
interpretação dele. A fantasia
quando é invenção gratuita
e improvisação trivial é o
que mais se aproxima do que
pode vir a ser o *Parangolé*.

O *Parangolé* não era assim uma coisa para ser posta no corpo para ser exibida, a experiência da pessoa que veste, para a pessoa que está fora vendo a outra se vestir, ou das que vestem simultaneamente as coisas, são experiências simultâneas, são multiexperiências, não se trata assim do corpo como suporte da obra, pelo contrário é a total incorporação. É a incorporação do corpo na obra e da obra no corpo... eu chamo de incorporação. Daí eu passei a fazer o que chamavam de *Manifestações Ambientais*, a juntar essas diversas ordens de experiências: *Penetráveis, Núcleos, Bólides* e *Parangolés*.

Hélio, faz um paralelo entre os *Parangolés* e os *Bólides*, que um dia o Luciano estava falando que eram a mesma problemática de espaço?

Eu acho que é. Os *Bólides* eram mais como se fossem estruturas transcendentais iminentes... nas quais você começa a desvendar, a desfolhar ela, ao passo que o *Parangolé* também é a mesma coisa, só que você aí está desfolhando o próprio corpo, o fato de você vestir ela, o corpo passa a fazer parte dela e não há mais uma coisa separada da outra... então a meu ver, essa comparação de *Bólide* com *Parangolé* é muito lícita... quem falou isso foi Luciano Figueiredo?

Agora eu gostaria que você falasse de espaços de cor.

O negócio é o seguinte: hoje as experiências, que eu estou fazendo, que eu chamo de invenção da cor: aí podem entrar as *Maquetes* de cor, na realidade são maquetes, são coisas para serem feitas numa escala grande, muito grande, onde as pessoas entram em espaços de cor... os *Parangolés* que eu faço atualmente são assim faixas de cor, quase como um corpo transformado em ar, uma espacialização da cor como também uma reação do corpo. Tem até umas horas no filme que o Carlinhos do Pandeiro vestindo a *Capa Rouge* e a *Noblau*, fica assim como se o corpo dele estivesse alçando voo, isso não é só questão do efeito visual, é o efeito fenomênico da obra, nessas obras o visual faz parte do fenômeno da obra, da parte do fenômeno da geração da obra, não existe assim uma coisa puramente visual... São obras que fogem à interpretação, à busca da interpretação, todas essas coisas são coisas velhas: a interpretação, a tentativa de buscar significados e de vivenciar estruturas significantes, todas essas coisas são coisas superadas, na realidade o que resta é apenas a proposição da grande invenção, algo que mobilize o participador, o ex-espectador que agora também é participador, que mobilize ele a um estado de invenção, por isso é que não existe essa coisa do artista... O artista só pode ser inventor, senão ele não é artista. O artista tem de conduzir o participador ao que eu chamo de estado de invenção... O artista, o papel dele é declanchar no participador, que é o ex-espectador, o artista declancha no participador o estado de invenção, porque ele mesmo o artista só pode ser concebido como tal, se ele chegar ao grande estado de invenção, uma situação que não se trata mais de puras invençõezinhas aqui, invenção de detalhes. É a grande invenção, a grande invenção ela é imune à diluição... Daí se tornar também superada a distinção entre mestres, diluidores e inventores. Só interessa o que é inventor: o resto existe, mas não interessa mais como fenômeno no processo artístico e criador.

Hélio, queria que você falasse agora da relação da rua com o seu trabalho, da mangueira, de pedaços de coisas que você assimila no seu trabalho, de trazer pedaços de asfalto para casa...

Eu descobri o seguinte, a relação da rua com o que eu faço, é uma coisa que eu sintetizo na ideia de "Delírio Ambulatório". O negócio assim de andar pelas ruas é uma coisa, que a meu ver, me alimenta muito e eu encontro, na realidade a minha volta ao Brasil, foi uma espécie de encontro místico com as ruas do Rio, um encontro místico já desmitificado. Antes, nos anos 1960, foi a construção da mistificação da rua, mistificação da dança, da mangueira, agora é um processo de desmitificação, junto com a mistificação, uma coisa já vem junto da outra: então eu pego assim pedaços de asfalto da Avenida Presidente Vargas, antes de taparem o buraco do metrô, todos os pedaços de asfalto que tinham sido levantados... Quando eu apanhei esses pedaços de asfalto, eu me lembrei que Caetano uma vez fez uma música, que disse até que pensou em mim depois que fez a música, que falava o negócio da "escola de samba primeira da mangueira passa em ruas largas, passa por debaixo da Avenida Presidente Vargas". Aí eu pensei assim: esses pedaços de asfalto... soltos, que eu peguei como fragmentos e levei para casa... agora, aquela avenida estava esburacada por baixo, e na realidade a Estação Primeira de Mangueira vai passar por debaixo da Avenida Presidente Vargas... uma coisa que era virtual quando Caetano fez a música, de repente se transformou num delírio concreto... o delírio ambulatório é um delírio concreto... O andar, é a descoberta que o andar para mim, não é só... Quando eu ando ou proponho que as pessoas andem dentro de um *Penetrável* com areia e pedrinhas... eu estou sintetizando a minha experiência da descoberta da rua através do andar... do espaço urbano através do detalhe, do andar... do detalhe síntese do andar... O *Delírio Ambulatório*, quando não é patológico, a pessoa está com esquizofrenia, paranoia, sai andando e desaparecendo, anda quilômetros de uma cidade a outra, quando não é assim uma coisa patológica... é uma coisa altamente gratificante. Todos os pedaços do Rio de Janeiro têm para mim um significado concreto e vivo, um significado que gera essa coisa que eu chamo "delírio concreto": a pedra do açúcar Pérola, a antológica Central do Brasil, as ruas em volta da Central do Brasil, no centro, os morros do Rio: São Carlos, Favela da Mangueira, Juramento, esses lugares assim que eu conheço mais de perto. Existe assim uma porção de ordem de absorção destas coisas, como a praia também tem isso, o mar. Para mim primeiro o Rio era um mito, eu tinha mistificado ele de tal maneira que eu tive de sair dele e passar esses anos todos fora, para descobrir que depois do processo de mistificação vem o de desmitificação... (Não confundir desmitificação com 09 , apesar do segundo ser parte do primeiro.) Aí eu descobri que o processo de mistificação é muito importante, mas ele tem de vir acompanhado com o de desmitificação.

Por que você saiu do plano, da pintura, como você chegou a isso?

Eu cheguei a isso através de uma coisa de crise em relação à pintura, os últimos quadros que eu fiz eram monocrômicos... Eu não iria continuar a vida inteira fazendo isso, também como influência grupal, porque a Lygia Clark/Pape, os poetas neoconcretos, todos tinham essa proposição de sair do plano, na realidade foi a minha primeira descoberta da invenção... quer dizer, os últimos quadros que eu fiz, que eram monocrômicos, que eram quadrados monocrômicos, que a pintura passa por detrás do quadrado que fica ligeiramente destacado da parede e reflete na parede, bem semelhante às estruturas que a Lygia Clark fazia, que ela chamava *Fio do Espaço*, eu chamei de *Invenções* esses quadrados de cor, que penetra pela parte de trás dos quadros, justamente chamar de invenções era uma espécie de metalinguagem do quadro, na realidade eu parti das *Invenções* para *Invenção*.

Como e por que você escolhe essas cores: esses laranjas, esses amarelos, as cores básicas... fale um pouco da cor.

O problema da cor nos *Bólides* e *Núcleos* e tudo que eu fazia nos anos 60, ainda era um problema assim de expandir a cor do quadro para uma coisa, soltar a cor pelo espaço. Nos *Parangolés* já era mais complexo a meu ver, já usava a cor num caráter mais complexo semelhante ao que eu uso agora. Agora nessas coisas que eu chamo de invenção da cor, eu procuro usar a cor mais racionalmente. Na realidade elas sempre foram luminosas para consumir, era uma tentativa da estrutura na qual ela era pintada, quer dizer a parte física do objeto, ele fosse possuído pela cor, ele fosse inflamado pela cor, por isso mesmo que eu usei a palavra *Bólide* para os *Bólides*, que eu tive essa ideia quando eu vi um filme do Humberto Mauro, *Ganga bruta*, em que as pessoas usam roupas brancas e a roupa branca refletia luz, então ele iluminava as pessoas vestindo de branco, porque havia deficiência de luz, ou sei lá o que, então as pessoas rolavam, assim, por um gramado vestidos de branco e pareciam bólides... Aí eu pensei assim, pareciam bólides... ah, na realidade o que eu estou fazendo são *Bólides*, eu quero transformar as coisas que eu estou fazendo, consumir elas de luz através da cor. Agora, hoje a cor, para mim está totalmente ligada a um processo de invenção, a uma manipulação concreta dela, de modo que ela já é uma entidade entre outras, ao passo que nos anos 1960 era o início de tudo.

Qual a cor que você mais gosta?

O amarelo. Vermelho também gosto muito. São as duas cores que eu gosto mais, são amarelo e vermelho. Eu ainda não fiz uma capa amarela, quer dizer, eu já usei muito amarelo em capa de *parangolé*, mas preciso fazer a capa: amarelo.

O que são os *Parangolés*?

ihh... aí que são elas... primeira coisa: a meu ver *Parangolé* é a descoberta do corpo. *Parangolé* para mim é um programa. *Parangolés* são as capas que eram feitas para vestir, elas são extensões do corpo, elas mudam, elas estabelecem uma relação do corpo com ele mesmo e da estrutura da capa com o corpo e com ela mesma. Mas *Parangolé* para mim é um programa... a primeira vez que eu escrevi um texto em 1965 sobre *Parangolé* botei assim: "A descoberta do que chamo de *Parangolé* marca um ponto crucial e define uma posição específica no desenvolvimento teórico de toda a minha experiência da estrutura cor no espaço."

O que é invenção?

Invenção é invenção. Invenção é o que não pode ser diluído e não o que será fatalmente diluído, aliás isso é muito importante dizer, é a primeira vez que eu estou formulando isso desse jeito: antigamente a invenção, depois dos inventores viriam os mestres e os diluidores, quer dizer a invenção seria fatalmente diluída. Agora não, a invenção é aquilo que está imune à diluição. A invenção é imune à diluição. A invenção propõe uma outra invenção, ela é a condição do que o Nietzsche chamava de "o Artista Trágico". A invenção ela gera invenção. O Artista Trágico de uma consequência que ele chega, ele gera outra consequência, acima daquela e diferente daquela, ele nunca volta atrás para repensar uma consequência. Quer dizer, a invenção é a condição do "Artista Trágico" nietzschiano, isso é muito importante.

Queria que você falasse um pouco do ato de criar, da maneira diferente com que você percebe as coisas...

É diferente porque eu declancho o grande estado de invenção... as pessoas normais se transformam em artistas plásticos... eu declancho... eu não me transformei num artista plástico, eu me transformei num declanchador de estados de invenção.

Você vê ligação das coisas que você faz com outros artistas?

Vejo assim uma ligação de famílias de inventores... De pontos luminosos, como diria o Haroldo, parafraseando Pound, que por sua vez já parafraseava Dante... Há coisas na história que me interessam sempre: porque o inventor antigamente era um excêntrico, era assim uma pessoa condenada à maldição... Hoje, ao meu ver, acho que o inventor é imune à maldição, ele recusa a maldição: quer dizer, o estado do artista romântico, do inventor na época romântica era se transformar... ele já sabia que estava condenado à maldição. À solidão, eu acho que todos estão condenados, porque quem ainda não descobriu a solidão, ainda não descobriu o estado de invenção. O estado de invenção é profundamente solitário, mas ele é profundamente coletivo. Tem uma coisa que eu sempre sinto e que eu acho que é uma constante em mim, muito importante, que é criado no mundo atual, que a gente está numa fase da emergência do coletivo, a gente numa passagem do individual, de valores individuais e individualistas para o coletivo, então na realidade a gente está dividido, entre o mais individual e ao mesmo tempo imergindo nessa emergência do coletivo.

Gostaria que você falasse dos tipos de material que você usa, são coisas totalmente estranhas, mas com materiais comuns: caixotes, vidros, areias, plásticos, aquele negócio do estranhamento que você falou?

Eu sempre achei muito importante essa coisa do estranhamento. Na realidade a maioria dos artistas, principalmente artistas plásticos, têm medo do estranhamento, eles se perdem quando eles começam a ter medo do estranhamento e começam a fazer objetos para serem colocados num ambiente e fazem esforços para eles não causarem estranhamento. Para mim, por exemplo, transportar asfalto da Presidente Vargas e criar um jardim Gaudi-Kyoto no meu banheiro, me deu milhões de ideias para jardins, eu quero fazer jardins de escombros...

Fale daquele jardim que a gente filmou.

Aquele é o primeiro minijardim, que a Sebastiana arruma ele cada vez que ela vai fazer faxina lá em casa. O minijardim são elementos com que você faz um jardinzinho, como em Kyoto existe o jardim de areia e pedra que todo dia é penteado de uma maneira diferente, por um ancinho. Esse jardim é um jardim de pedaços de asfalto, caixa de papelão, um prato com asfalto dentro, esses também eram asfaltos da Presidente Vargas.

Quando você vê a coisa na rua você já sabe a utilidade?

Não, às vezes eu pego ela e ela fica muito tempo ao meu lado, até que ela começa a tomar o lugar dela, no mundo do estranhamento, ela começa a criar um mundo de estranhamento dela mesma, que passa a funcionar, nunca há nada dentro da minha casa que não funcione nesse mundo de estranhamento, isso é muito importante, não há nada que eu tenha, que não tenha um significado concreto de invenção, que ele passa a perder o significado à medida que eu não quero procurar o significado, ele passa a se concretizar como significado e acaba se tornando um não significado a simples produção de um objeto de arte hoje, se transformou em mais uma *commodity*, como se diz em inglês, que é uma coisa de uso consumitivo burguês. Então não me interessa mais criar, as pessoas criaram objetos para serem comprados pela alta burguesia etc. e tal, pelas pessoas *soit disant* de bom gosto, que ao meu ver é um problemas também que não existe. Então todas as coisas, inclusive conquistas na arte moderna, que essa coisa do bom gosto, da coisa *soit disant* bem acabada etc. e tal acabou voltando, quer dizer tudo isso que tinha acabado, acabou sendo esquecido numa suposta tentativa de voltar à pintura e à escultura e ao não sei o quê... que é um estado de timidez em relação a experimentar... O Brasil, a grande vantagem do Brasil é uma coisa, que o Mário Pedrosa já disse há muito tempo: que o Brasil é um país condenado ao moderno. Essa coisa do Mário Pedrosa dizer que o Brasil é um país condenado ao moderno é uma coisa muito importante, porque na realidade, o que ele está querendo dizer é o seguinte: que só há possibilidade de ir para frente, em outras palavras, de experimentar... que não há razão para voltar atrás no Brasil, ou fazer uma reavaliação dos valores da história da arte etc. e tal, não há razão para ninguém voltar atrás.

Você tem uma certa fixação por certos materiais, madeira, tela de nylon, plásticos, pedras, materiais de construção...

É porque são materiais que não estão impregnados pelo ranço artístico, entende, isso que eu quero usar, eu procuro usar materiais assim que sempre me tiveram um papel especial: tela de nylon por exemplo usei muito, culminando com a avalanche de telas de nylon para criar, o que o Haroldo chamava assim *céu do céu*... lá em Nova York, que eu fazia divisões.

O que são espaços atmosféricos...
Eu vou criando assim camadas-espaços atmosféricos típicos foi o que eu criei para o filme do Júlio Bressane...

Fala de transparências, Hélio.
Esse negócio de transparências... parece até termos que já se usou muito em terminologia de arte, mas que na realidade adquire uma significação nova, na realidade adquire uma carga poética, não, adquire um corpo poético, que ao meu ver é o que o Haroldo fez nesse caso, com o negócio de espaços atmosféricos, de chamar *céu do céu*... que lá nos *ninhos*, de um *ninho* para outro você ia vendo a coisa como se tivesse ar, entre eles... por causa da superposição de telas de nylon, culminei com essas superposições de telas de nylon, na tenda *Luz do príncipe das trevas*.

Agora queria que você falasse da *Garrafa Bólide*, o que é aquilo...
É uma homenagem a Mondrian, porque eu uso as três cores primárias, mas de uma maneira totalmente diferente de Mondrian: isto é, amarelo, azul e vermelho, na realidade a água é amarela, a tela azul você pode manipular por cima do vidro com água amarela, ela na realidade tem assim uma monumentalidade horizontal-vertical e ao mesmo tempo não horizontal-vertical que é muito mondrianesca.

Fale um pouco de Mondrian... quem era Mondrian?

Mondrian, para mim, é um desses pontos luminosos... na realidade tem pontos e pontos luminosos... A tendência é só haver pontos luminosos, não interessa mais o artista de média, o artista que média, o artista não inventor não interessa mais, então para mim só interessam pontos luminosos: os artistas que são grandes inventores.

Ao mesmo tempo que eu amo Mondrian, Klee para mim é uma coisa assim suprema como Laforgue, que é um poeta que tem muito haver comigo, não sei por que. Isso só os irmãos Campos e Décio Pignatari podem explicar, mas eu tenho muita afinidade com Laforgue, de modo que há pontos e pontos e pontos luminosos.

Geralmente você planeja as coisas antes de fazer, você faz projetos antes ou você já faz e realiza?

Alguns eu faço projeto antes, outros... e esses projetos vão entrando gradativamente... todo projeto que eu faço gradativamente vai entrando numa coisa que eu chamo de *Programa*, na realidade são *Programas não programados*, eu chamo *Programs in progress*, na realidade tudo se transforma num programa a longo prazo, todas as coisas que eu faço, são coisas paulatinas e a longo prazo, por isso não tem sentido dizer que há uma repetição... que já ouviu falar em *Penetrável* em 1960, mas o *Penetrável* que era falado como *Penetrável* em 1960, não é mais o *Penetrável* que é falado como *Penetrável* agora.

Essas coisas vem paulatinamente com o tempo, não são coisas que foram fogos de artifício e desapareceram, elas são coisas que vingam. Ao meu ver, eu sofro um tipo de injustiça, muito semelhante ao que o Duchamp enfrentou durante muito tempo, porque as minhas coisas são coisas na realidade que escapam à total classificação, são obras desclassificadas.

Hélio, fale um pouco da arte brasileira...

Não acho bom falar, não.

Como surgem na sua cabeça essas formas...

Quais formas...

Todas as formas...

Eu não sei... eu vou descobrindo, cada coisa é uma descoberta nova mesmo que, por exemplo, uma série de obras se classificam como sendo *Penetrável* por mim mesmo, quer dizer cada *Penetrável* é uma descoberta do *Penetrável*. Cada *Penetrável*, cada *Parangolé*, cada *Bólide*, cada *Topologic Ready-Made Landscape* e *Parangoplay* e tem o que eu chamo de *quasi cinema*, que é a *Cosmococa*, que eu fiz com Neville d'Almeida, Helena inventa Ângela Maria, que eu chamava de *quasi cinema*, essas coisas todas... cada coisa que é feita nessas categorias, é na realidade a concreção dessa categoria, essas categorias são coisas desconhecidas, não são categorias estabelecidas com uma visão única, cada obra acrescentada, só tem razão de ser como obra e razão de ser feita, se ela inaugura... cada obra inaugura aquela categoria outra vez, faz com que ela se torne mais inteligível acrescida. A sucessão de obras é para fazer inteligível o que eu sou, eu passo a me conhecer, através do que eu faço, na realidade eu não sei o que sou, porque se é invenção, eu não posso saber... se eu já soubesse o que seriam essas coisas, elas já não seriam mais invenção, se elas são invenção, elas, a existência delas, é que me possibilita a concreção da invenção, de modo que ela é infinita nesse ponto de vista.

Mas, por exemplo, um paisagista: imagina aquela paisagem e sai pintando; você às vezes imagina as coisas já prontas...

Algumas coisas eu imagino prontas, eu tenho intuições, que eu chamo Vislumbres, principalmente quando eu estou andando em Delírio Ambulatório ou andando de ônibus. Já quando estou na Mangueira não tenho muito esses vislumbres, porque a própria mangueira, o comportamento já é um vislumbre.

Você falou que não sabe quem é...

Não, porque se eu soubesse eu não tinha razão de inventar, eu não seria um inventor, eu não sei o que eu faço, se eu soubesse o que faço eu não estaria fazendo, eu não sei o que eu faço, porque cada coisa que eu faço, é que me estabelece referência de que estou fazendo alguma coisa, se as coisas estão sendo feitas, isto é, inventadas, inauguradas, elas estão inaugurando, cada vez uma situação, uma realidade nova. Mesmo que eu tenha vislumbre dela, uma coisa é ter o vislumbre, outra coisa é aquele vislumbre se transformar em vislumbre concreto.

Por que você se tornou artista...

Porque não havia nada que eu pudesse fazer, a não ser isso. Toda minha coisa de artista foi a única possibilidade de ser inventor e de descobrir. Cada etapa foi uma descoberta, uma revelação. No começo eu tinha paixões febris pelas coisas, nos primeiros anos de descoberta, no começo Klee me exercia um fascínio incrível. Comecei primeiro com música, não a fazer música, mas ouvia música o dia inteiro, estudava piano.

Você podia falar da relação da dança com o *Parangolé*...

A dança veio junto com o *Parangolé*, porque tanto uma quanto a outra foram a descoberta do corpo. Eu tenho assim uma história louca sobre esse negócio de rock: eu acho que dança não é uma coisa que se apreende. Dança é a dança que se dança. Porque a dança não é mais uma forma de interpretação da música, houve na época em que a valsa, ninguém dançava com o corpo, a valsa que foi criada na época de Napoleão e tal, aproxima o corpo com o corpo. O rock é como a arte moderna, a meu ver, é como o branco no branco, o branco não é só um quadro do Malévitch, o branco com branco é um resultado de invenção, pelo qual todos têm de passar, não digo que todos tenham de pintar um quadro branco com branco, mas todos têm de passar por um estado de espírito, que eu chamo branco com branco, um estado em que sejam negados todo o mundo da arte passada, todas as premissas passadas e você entra no estado de invenção, você para entrar no estado de invenção, tem que passar pelo branco com branco, como na música você tem que passar pelo rock. Porque o rock, na verdade, é uma coisa irreversível: Ou você entrou nele ou não entrou nele... é a mesma coisa do branco sobre o branco, o estado de invenção: ou você entrou nele ou não entrou nele. São coisas irreversíveis: o rock é a dança que se dança porque libera o corpo da dança de par: é a descoberta do corpo, samba, para mim, serviu como descoberta do corpo e como liberação da dança de par, quer dizer, eu dançava muito bem de par, depois hoje em dia já não me interessa mais dançar de par, jamais, porque eu descobri o samba, agora para eu chegar a esse estágio, de descoberta, da liberação do corpo e descoberta do corpo através do samba eu tive de ter uma iniciação para isso, ao passo que o rock, você não tem de ter uma iniciação, qualquer dona de casa inglesa, que presume-se que seja a pessoa menos afeita à dança pode dançar o rock, existem duas palavras em inglês que era shivral regal, que significam dois movimentos, exatamente um contrário ao outro, que é o movimento do rock, da dança rock, então o rock não era mais um rito de dança que você apreende passo, hoje em dia dança-se se apreender passo, a pessoa que pensa em apreender passo para dançar está totalmente errada porque ela ainda não entrou no mundo pós-rock, como na era pós-moderna, você não entrou se não passou pelo estado de espírito que chamo de branco no branco. Eu sempre fiz um paralelo de uma coisa com a outra, porque ao meu ver tinha uma relação *Parangolé*, a dança porque o *Parangolé* era a definitiva liberação de todas as estruturas que prendiam.

Hélio, dá uma anarquisada nessa coisa de arte, o que é arte?

A arte só pode ser um estado de invenção, só pode ser uma fórmula de experimentalidade, uma forma de atividade...O experimental é justamente a capacidade que as pessoas têm de inventar sem diluir, sem copiar, é a capacidade que a pessoa tem de entrar num estado de invenção, que é o experimental e ele tem a tendência de ser simultâneo, há vários níveis de experimentalidade, há tantos níveis de experimentalidade quantos indivíduos podem haver. A emergência do que o Sartre chama de coletivo, é exatamente essa capacidade que as pessoas têm em poder entrar no estado de invenção, de experimentar, a capacidade de experimental é o que pode fazer com que cada pessoa entre no estado de invenção e daí possa emergir uma coletividade.

Hélio o que vem a ser arte moderna, que se tornou no Brasil uma coisa um tanto obscura e desmemoriada.

Eu acho que a compreensão exata do que tenha sido a moderna é o que pode conduzir as pessoas, aos poucos para a arte pós-moderna e ao estágio de "depois da arte pós-moderna". O negócio é o seguinte: a arte moderna era um processo longo, quer dizer um processo longo, mas curto, historicamente muita coisa aconteceu em pouco tempo, de desintegração do mundo renascentista, da desprevilegiação visual como termo único de apreensão das coisas. Não que o fato de pegar coisas e tocar em coisas venha dar uma nova ordem, tudo foi incorporado ao mundo da criação. A arte moderna é o começo da emergência do que chamo de estado de invenção. A arte moderna foi aos poucos se desligando de todos os pré-conceitos criativos e até a própria premissa de criatividade, é uma coisa que foi posta em cheque, não basta a pessoa desenvolver a sua criatividade para ser um artista, ela tem que se livrar também do sufoco da criatividade, ela tem de saber como manipular a sua própria criatividade, para não cair num novo naturalismo da criatividade, quer dizer não passar da arte de representação para arte de criatividade, que seja declanchada a criatividade pela criatividade, eu acho isso também um problema muito perigoso, o que é importante é a emergência desse estado de invenção, essa coisa de só interessar o que seja invenção, o maior voto de fé que se possa fazer na capacidade do homem criar, do homem ser inteligente, é essa de assumir um estado de invenção, de chegar ao estado de invenção, isso é, o ápice do que queria chegar a arte moderna e não declanchar carteses psíquicas, na qual a criatividade pela criatividade é um deles, nada disso interessa.

O que são essas coisas para você: Os *Bólides*, *Parangolés*, *Penetráveis*.

Essas coisas são coisas que me conduzem, são prelúdios, para mim essas obras todas tem sido o prelúdio do que eu chamo de novo, o que há de vir. O novo seria para mim a emergência do estado de invenção no qual eu cheguei, que ele se torne um mundo, um edifício sólido e coletivo. Essas coisas são um prelúdio ao estado de invenção coletivo.

Hélio, queria que você falasse sobre uma coisa que o Haroldo sempre ficou muito impressionado, o negócio de você transformar a sua casa em obra, morar dentro da obra...

Antes de ir para Nova York, havia uma coisa que eu chamava projeto barracão, que eu inventei um negócio chamado *Crelazer*, eu queria transformar o dia todo, inclusive o lazer, e a preguiça, numa coisa assim de estado permanente inventivo, por isso eu comecei a transformar o lugar que eu moro, o ideal era esse, morar na própria obra. Foi o que aconteceu em Nova York durante esse tempo todo. Essa coisa tem a porção de implicações que são muito discutíveis, que vou reabordá-las de outro modo.

✳

Arte Hoje

(SEM CRÉDITO)

Arte Hoje
(SEM CRÉDITO)

Publicada originalmente
na revista *Arte Hoje*,
em setembro de 1979.

Qual a função dos órgãos do Estado em relação à cultura?

Deveria ser o de financiar sem interferir no conteúdo das obras propostas; mas isto é impossível: agem esses órgãos então como mediadores entre "o que deve vir a público" e "aquilo que é proposto": em suma viram instituições de *soit-disant* "bom gosto" que procuram publicar "obras de qualidade de e/ou sobre artistas nacionalmente respeitados" com forte dose de censura *a priori*: como poderia ser de outro modo?

Acha que o Estado intervém no trabalho cultural? De que forma?

Acho que intervém exatamente desse modo descrito acima: como mediador: só que há obras (a meu ver em sua maioria: as de valor, ao menos) que não são possíveis sob essa luz: eu, por exemplo, tenho escritos que jamais seriam publicados por qualquer instituição do Estado: não só não o seriam como não seria eu tão idiota para a elas submeter tal material.

Como veria a relação da empresa privada com a cultura? Isto é, ela poderia substituir o Estado, na medida em que participasse com recursos, criando fundações etc...?

Acho que é uma das possíveis soluções (essa substituição ou compensação) mas ela também apresenta problemas: isto é, tem o artista ou pretendente a artista (porque artista mesmo estou vendo muito pouco por aqui: devagar quase parando) que apresentar um projeto que seja não só do interesse "intelectual" do produtor mas também que tenha um *appeal* financeiro / de gosto / de respeitabilidade etc. (já se viu que muita coisa estaria fora dessa jogada: eu então nem se fala!): pretendo um dia me transformar em fundação para não cair nessas coleções ou museusinhos ridículos que andam por aí.

Na medida em que há uma intervenção crescente do Estado na cultura, há possibilidade dela perder seu caráter crítico?

É claro que sim: vejam os exemplinhos brasileiros: e aqui acontece ainda o pior, já que o caráter crítico (incluindo a moribunda crítica de arte: que já morreu e não sabe) atingiu o ponto mais baixo desde os anos 1950/1960: digo mesmo medíocre!

O Estado é capaz de administrar, realmente, a cultura?

Não, mas a meu ver o faz (de certo modo: é claro que salvo individualidades imunes ou já calejadas em sair pela tangente: em ter atividades particulares fortes e clandestinas).

O Estado põe o artista na fôrma? Enquadra-o?

Se o artista é artista mesmo não: mas ao "pessoal da cultura" sim.

*

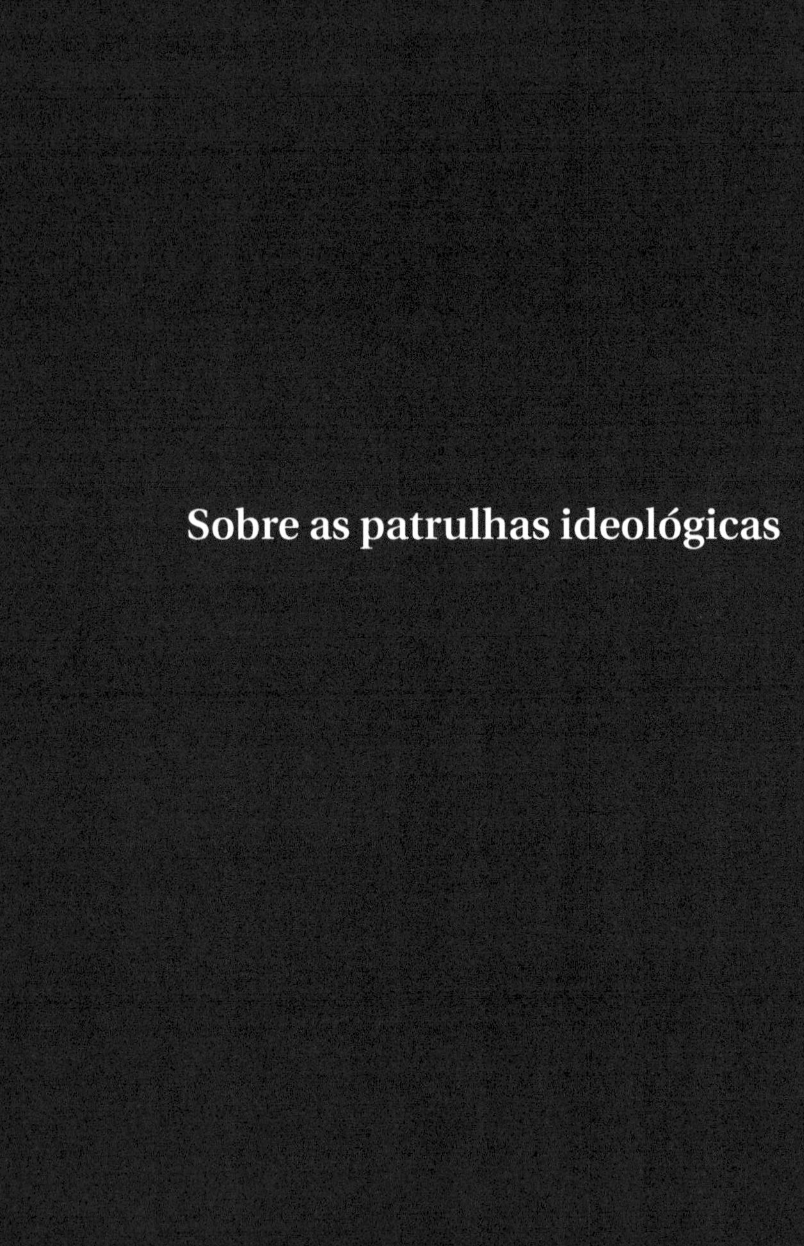

Sobre as patrulhas ideológicas

POR HELOÍSA BUARQUE DE HOLLANDA
E CARLOS ALBERTO M. PEREIRA

Sobre as patrulhas ideológicas

POR HELOÍSA BUARQUE DE HOLLANDA
E CARLOS ALBERTO M. PEREIRA

Publicada originalmente
no livro *Patrulhas Ideológicas,*
em 1980.

Hélio, desde a década de 1950 você vem fazendo experiências de ruptura diante dos códigos estabelecidos da arte. Você considera isso uma atuação política? Como, e em que nível?

Bom, eu acho que sempre é uma atuação política, mas não num nível de ativismo político, porque as pessoas que têm um ativismo político, têm que se dedicar totalmente a ele. A meu ver, a arte sempre tem um caráter político, principalmente quando é uma coisa altamente experimental, que propõe mudar. Uma proposta de mudança das coisas sempre tem um caráter político. Mas eu não acho que, automaticamente, haja um ativismo político só porque é arte. Pode ser arte e não ter nenhuma atividade política.

Fale um pouco do seu trajeto como artista, desde que você começou até agora...

Eu comecei em 1954 a estudar com Ivan Serpa, eu tinha 16 anos naquela época. Fiz parte do grupo Frente, um grupo de vanguarda. Depois fui para o grupo Neoconcreto. O Gullar e a Lygia Clark formaram o grupo Neoconcreto... e tinha também a Lygia Pape, Reynaldo Jardim, Aloísio Carvão. Nessa época, do grupo Neoconcreto, é que eu comecei a romper com o quadro. Quer dizer, eu já fazia quadros... uma experiência que eu chamava de *Metaesquemas*, que era para limpar o quadro da cor. Depois passei a fazer quadros monocrômicos, que eram quadrados ligeiramente saltados da parede. Foram as últimas coisas que eu fiz na parede. Logo em seguida saí para o espaço, como se fosse assim uma paulatina desintegração da pintura no espaço... da pintura como ela chegou ao extremo de Mondrian. Toda essa coisa nasceu muito das experiências concretas, principalmente da obra de Mondrian. Durante os anos de 1960 desenvolvi as obras de espaço; umas que chamo *Penetráveis*, cabines nas quais se entra, move-se painéis, tem cor... você pisa a cor. Depois, es-ses *Penetráveis* se desenvolveram, até hoje, em uma porção de facetas: os *Bólides*, que inventei em 1963, *Núcleos*, em 1960 tam-bém... *Bólides* eram caixas de madeira ou de vidro, pintadas, que você mexe e desdobra. Em 1964, finalmente, inventei *Parangolé*, capas que se coloca no corpo e se desenvolve, como se fossem extensões do corpo... A minha posição foi sempre de que só o experimental é que interessa, a mim não interessa nada que já tenha sido feito... a meu ver, tudo isso é prelúdio para o que eu quero fazer, um novo tipo de coisa que não tenha nada que ver com os modelos, do que se chamou e se conheceu como arte. De modo que pintura e escultura, para mim, são duas coisas que acabaram mesmo, não é nem dizer que eu parei de pintar... não foi isso, eu acabei com a pintura. É totalmente diferente...

Em 1969, eu fiz uma experiência em Londres, num galpão grande, foi imenso, eu estava muito conhecido lá. Era mais fácil fazer as coisas fora do Brasil, porque aqui dá sempre grande confusão. Depois de ficar muito tempo fora, na volta, dá a impressão de que muita coisa que já foi feita aqui as pessoas nem lembram ou fazem de conta que é sempre uma coisa nova, porque na realidade não sabem o que aconteceu. De modo que a minha obra é praticamente desconhecida no Brasil.

Eu fui para Nova York, no fim de 1970, e só voltei em 1978 para o Rio. Em Nova York, escrevi muito, textos, desenvolvendo teorias, e comecei também a desenvolver novos tipos de *Penetráveis* e umas coisas que eu chamo *Parangoplays*: são performances para serem levadas a cabo... Tenho duas gavetas de fichários, só desses textos, que eu chamo de *conglomerado*... e algumas maquetes eu comecei a fazer lá, e estou desenvolvendo aqui; são maquetes para serem feitas em grandes espaços, que eu quero fazer em grande escala, para as pessoas entrarem, em espaços públicos.

Depois de 1968, aqui no Brasil, houve uma área de pessoas que desbundou. Nessa época falava-se em contracultura, marginais... como você viu e viveu aquele momento?

Bom, eu tinha uma relação direta, porque eu mandava muito material para eles, nós fizemos *Navilouca* e *Pólen*.... e eu chamava de *subterrânea* exatamente o fato de ter arte brasileira sendo feita fora do Brasil. Eu acho que, nos anos de 1970, a maior parte dos artistas brasileiros estava fazendo coisas fora do Brasil: a Lygia Clark estava em Paris, Antonio Dias estava em Milão, Sérgio Camargo não estava aqui. Isso é uma coisa que os críticos teimam em desconhecer: que muita gente estava fora daqui, mas continua a ser arte brasileira, porque não interessa se está sendo feita aqui ou está sendo feita fora. Teimam em desconhecer isso, como se só tivesse existido o que apareceu em uma exposiçãozinha nas galerias do Rio e de São Paulo, o que é um absurdo.

Eu acho que *Navilouca* era uma boa coisa, porque foi o que lançou todo esse pessoal: Ivan Cardoso, Jorge Salomão, Waly, Chacal, Luciano Figueiredo, Oscar Ramos... e era importante

Isso é uma coisa que os críticos teimam em desconhecer: que muita gente estava fora do país, mas continua a ser arte brasileira, porque não interessa se está sendo feita aqui ou está sendo feita fora. Teimam em desconhecer isso, como só se tivesse existido o que apareceu em uma exposiçãozinha nas galerias do Rio e de São Paulo, o que é um absurdo.

também porque mostrava a ligação direta que havia, dos concretos de São Paulo, com essas tendências mais jovens. Eu agora estou com vontade de fazer uma publicação do tipo *Navilouca*, mas já muito mais ambiciosa. Porque não há veículo nenhum no Brasil, para se publicar nada...

Na revista *Navilouca* vinham junto os concretos, você e Lygia Clark, que já vinha também dum projeto construtivo e pessoas que seriam propriamente daquele momento: Waly, Torquato, Chacal, que não tinham um projeto construtivo, era uma outra coisa. Como é que você vê essa diferença?

Eu já tinha ligação com Torquato por causa da época de *Tropicália* lá em São Paulo. O Waly começou a escrever seu livro lá em casa; ele morava na minha casa, ali no Jardim Botânico. Depois, quando eu me mandei para Nova York, ele ficou lá. Ivan, eu também já conhecia. Torquato é que deu muito incentivo para que... a *Navilouca*, na realidade, nasceu de um esforço grande que Torquato fez para organizar aquilo. Acho que foi a úlitma coisa que ele fez. Antes dele morrer já estava pronto, mas só saiu mesmo a público uns dois anos depois.

E as publicações desse tipo, como *Navilouca*, como *Pólen*, ou até um pouco antes, aqueles jornais como *Flor do Mal*, que veiculavam um certo tipo de informação, acabaram. O que se tem agora, em termos de pequena imprensa, são coisas mais preocupadas com a política direta. Você acha que passou a época dessas publicações?

Eu acho que não. Eu acho que um outro tipo de publicação tem que ser inventado, porque todas as publicações culturais estão muito ruins também. Tem que inventar outra coisa, mas numa base mais sólida, mais constante. Para não ficar só aquela obra solta numa década, que foi o que aconteceu com a *Navilouca*. Tenho uma série de textos que fica muito duro publicar em publicações culturais porque ninguém vai ler, quem lê aquilo é gente que vai a leilão para comprar quadro, então não dá, revista de arte é um horror no Brasil... é ridículo... realmente um acinte... de modo que o ideal era fazer mesmo uma publicação nova.

Eu queria saber sua opinião sobre as patrulhas ideológicas...

O Caetano tinha razão em reclamar, claro. Agora, eu não gosto da ideia de criar a patrulha odara, eu detestei, embora fosse uma necessidade daquele momento, porque ele estava sendo muito atacado e injustamente inclusive, porque o disco *Muito* era ótimo mesmo. Mas eu acho que não tem que haver patrulha nenhuma, quer dizer, o ideal da patrulha odara seria o de ser uma não-patrulha... eu acho que era essa a intenção, mas não souberam explicar direito. Detesto a palavra patrulha, mesmo, não há como sair dessa, sempre tem um significado sectário. Eu acho que, no Brasil, os sectarismos são paupérrimos e é importantíssimo evitar isso...

Num dos seus textos da *Navilouca* você dizia o seguinte: que "os portadores de mensagens sérias não passam de reformistas". Essa crítica tinha um sentido, vamos dizer, contra um certo tipo de mensagem ideológica de esquerda que se pretende levar à arte?

Toda mensagem é ruim. Depois de MacLuhan e dos semiologistas, mensagem já é uma coisa decodificada. Mensagem, no sentido panfletário, não tem eficácia; tem apenas uma eficácia populista muito limitada. Essas coisas panfletárias, populistas, na maior parte das vezes, não são revolucionárias, são mais é reformistas. Eu estou vendo todo mundo ainda falar sobre a mesma coisa, todo mundo falando em "invasão cultural", esse tipo de papo... que já vem de anos seguidos... Parece um disco emperrado, são sempre os mesmos argumentos, acho paupérrimo, nem dá paciência mais discutir esses argumentos...

Então nesse sentido, qual crítica que você tem, por exemplo, à atuação da esquerda no Brasil, quando ela fala de cultura e de criação artística?

A maior parte das vezes é ruim, tem algumas coisas boas, como Mário Pedrosa, que é bom sempre. Mas a maior parte das coisas faladas são repetições dos mesmos chavões, parece uma coisa que nunca muda, a dialética é pobre, o espírito de análise também. Esse negócio de mensagem, de "obra/mensagem", tudo isso eu acho que já era.

Estou cansado de teóricos universitários, realmente... essa tendência a teorizar, isso é uma dialética não marxista... Aliás, depois de Nietzsche a dialética já foi também desintegrada, não adianta querer usar um tipo de dialética Hegeliana porque não funciona mais. Na realidade são bem cristãos... a meu ver, a maior parte dessas pessoas tem formação jesuítica e se não têm, parece que têm...

Se a arte convencional, a pintura na parede, a escultura, por circunstância acabam mesmo caindo nos salões da burguesia, o trabalho experimental, de ruptura, por não questionar como ele existe socialmente, onde ele circula, não corre o mesmo risco?

Claro... por isso é que eu quero fazer essas coisas grandes, para espaços públicos. O ideal era fazer um pouco o que aconteceu com Duchamp, que fazia um lugar especial pras coisas. A minha ideia sempre foi essa, por isso nunca vendi muito obra minha, a única coisa que eu vendo mesmo, são as coisas que eram de parede: *Bólides*, que são vendáveis, a pessoa pode ter em casa, mas não interessa esse pessoal... sempre fica deslocado no espaço, são muito ambientais, interferem no espaço de casa burguesa, ficam horrendas em casas burguesas...

As rupturas experimentais, em relação a códigos existentes, nos quais as pessoas se identificam, não joga o trabalho numa área limitada, não facilmente identificável?

Eu acho que, com o tempo, ela vai sendo identificável... eu acho que já foi pior, nos anos de 1950 nós éramos combatidos por toda crítica de arte, a não ser Mário Pedrosa e Gullar; nos anos de 1960 Frederico Morais dava cobertura ao que se fazia na rua. Todo esse pessoal aí que está até hoje expondo quadrinhos e falando sobre pintura eram as mesmas pessoas que combatiam, que agora se mostram a favor por causa da repercussão que houve. Mas, eu acho que já foi pior... ao menos o pessoal jovem é muito ligado na coisa, tem essa vantagem também...

Nos anos 1960 e nos 1970, no começo, houve uma grande explosão de experiências...

Tem muita gente que não vai emplacar 80, porque ninguém aguenta mais todas essas teoriazinhas populistas, tudo isso vai acabar com os anos 1980.

Quais as perspectivas de socialismo que você vê para o Brasil?

Socialismo no Brasil? Não sei, não tenho capacidade para responder a essa pergunta, isso era bom perguntar ao Mário Pedrosa. Mas, socialismo no Brasil? Eu estou achando quase impossível, o Brasil é um país bem fascista...

Você não acha que num certo momento, o trabalho do artista radical pode se unir com o trabalho da pessoa politicamente engajada?

Pode, claro que pode, acho que eles sempre se juntam, como numa época (1917-1923) aconteceu na Rússia...

Adendo escrito da entrevista

Antes de terminar queria falar umas coisas – assim como um depoimento do que penso e acho disso tudo: quando me pediram que falasse sobre essa história toda de patrulhas – etc. – pensei

assim: que chatice! – não porque não queira colaborar – mas é que
o assunto é chato – não me interessa na realidade: assim como
tudo o que penso e faço é ignorado por toda essa gente que faz
"teoria" – "demagogia política" pensei eu – etc.: ao voltar de Nova
York é que pude constatar a frieza e a indiferença das pessoas em
relação ao que faço: não porque seja quase que desconhecida a
minha atividade: não: havia e há como que um boicote (que se
torna inútil em última análise já que não pode ele "cortar" a minha
atividade criativa) natural ao que não é rotulado como sendo uma
atividade à qual é dada uma função pseudo-política-cultural:
como é difícil e impossível me incluírem nisso (além da inveja
normal que toma certos indivíduos em relação a quem cria!) há
sempre um ar de indiferença com mistura de "meios sorrisos" e /
ou "conselhos de como proceder" que vêm dessa gente como se eu
fora um idiota com dons surpreendentes que ainda falta aprender
o mecanismo cultural que rege a bobajada artística brasileira: e o
pior é que pensam que não vejo isto ou que não tenho consciência disso tudo: ora! – quero aqui dizer que tenho felizmente essa
indiferença a meu favor: toda essa gente implicada em "programas
culturais" nada significam para o que tem mesmo algum significado grande e duradouro: tudo o que faço e virei a fazer nada tem
a ver com qualquer tipo de programa cultural: nada! : pelo contrário é a tentativa mais concreta de demolir e tornar impossível
qualquer significação real a tudo o que seja demagogia cultural
ou programa para tal demagogia: todo esse corta barato que quer
dizer o que "tem que fazer o artista" ou de como "deva proceder"
ou que "caminho tomar": não há "caminho" ou "direção" para a
criação: não há "obrigações" para o artista: quem pensa poder
fazer o que quer ao mesmo tempo que assume compromissos
que nada têm a ver com a atividade que têm cometem um erro
fatal: e como consequência deste erro tornam-se demagogos
e um poço de equívocos: tornam-se maus: maus artistas: mau
caráter: e acaba com que o compromisso assumido passe a ser o
único interesse afogando a criatividade e a capacidade de invenção

que são na verdade as únicas que deveriam prevalecer acima de qualquer eventual compromisso: e isso não é "alienação": não!: ninguém menos alienado do que eu: ninguém também menos otário: otários são os que se mantêm indiferentes ao que é criativo e à invenção: são duplamente equivocados: pensam e agem com indiferença: o barato que querem oferecer não é suficiente nem pra eles mesmos nem pra ninguém: é malhado!: todos são teóricos demais: são pessimistas: são jesuítas quando pensam encarnar pensamentos revolucionários: são feios: acima de tudo fazem das coisas e da vida coisas feias: chatas: a indiferença que observei diante de mim (e quanto a mim) é a matéria morta dos que perderam ou alienaram qualquer dom de criatividade – qualquer generosidade criativa já era pra essa gente: por isso é que quis encerrar essa discussão e essa entrevista dizendo tudo isso!: "patrulhas", "engajamentos" etc. nada estabelecem ou definem: a coisa teria que ser abordada e resolvida de outro modo: como não sei! Só sei é que tudo o que foi feito até hoje quanto ao assunto envolvendo artistas e / ou programas culturais determinados têm provado ser o maior corta barato e da maior esterilidade criativa: na maior parte consistem em assumir compromissos abstratos daquilo que deva ser ou vir a ser a "cultura" ou a "atividade artística": e falham irreversivelmente porque castram o dom que só o artista tem como prioritário: aquele de gerar soluções próprias para o que deva fazer ou não: quando digo artista digo aquele que cria não importa em que ramo ou condição: para os "meios sorrisos" que possam achar ingênua esta abordagem ou argumentação devo dizer que é o oposto: é a mais consciente e inteligente a que se possa chegar no momento dentro de tanta bobagem que é discutida entre nós nesse tempo aqui no Brasil tudo o que é entrevista / abordagem cultural, etc. é mal discutida / mal abordada e falha em coerência não só intelectual como filosófico-teórica: são o que chamo de teóricos de cabeça oca: teóricos que o querem ser quando a coisa seria não teorizar: que fazer? —!

*

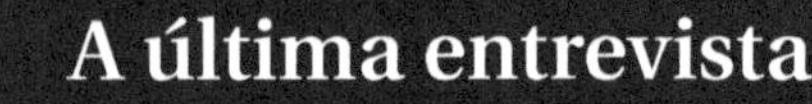

A última entrevista

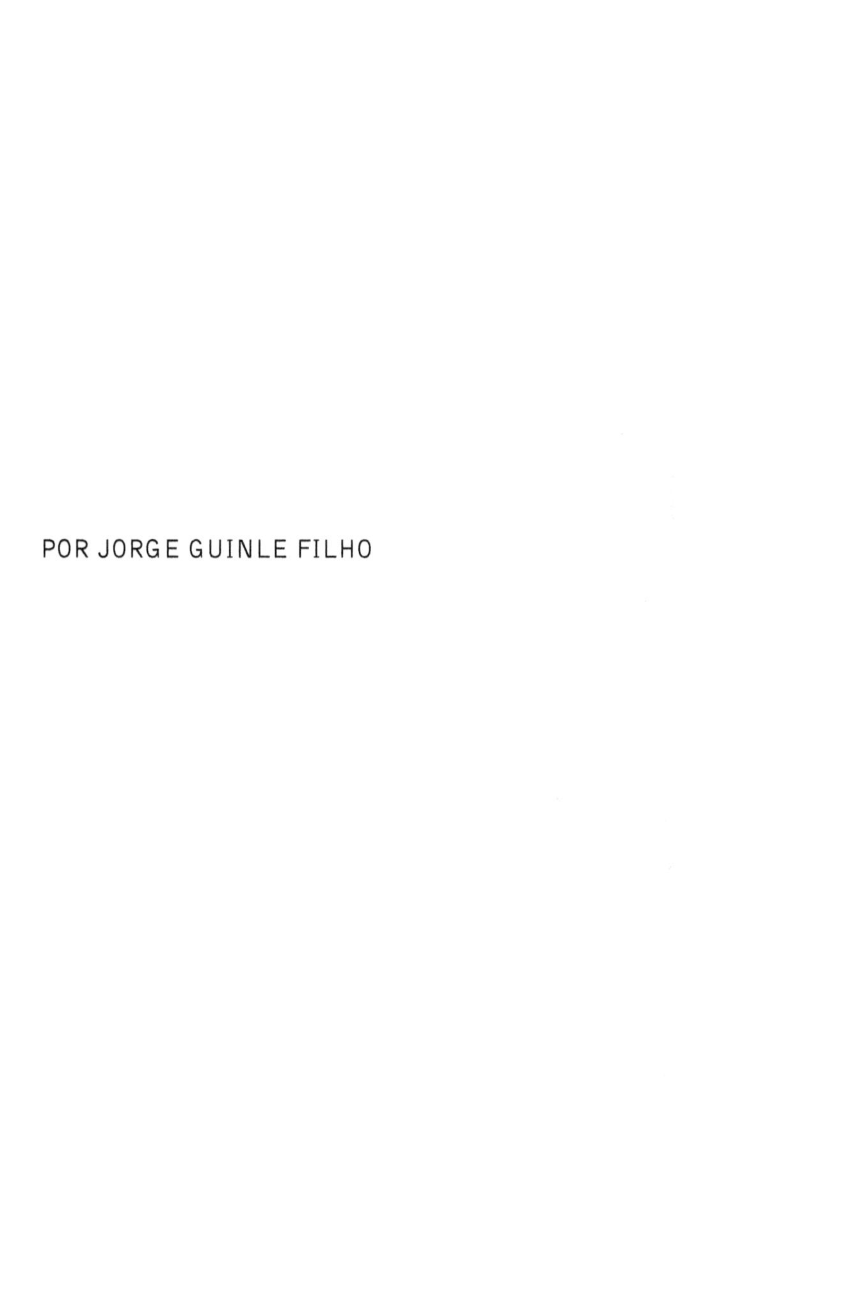

POR JORGE GUINLE FILHO

A última entrevista
POR JORGE GUINLE FILHO

Publicada originalmente
na *Interview*,
em abril de 1980.

A Nova Década está aí para ser transada. Como é que vai ser essa nova década?

A Nova Década... Acho que tem muita gente que *dançou* antes dela entrar. Minha teoria é que muita gente não ia emplacar 80. Não que fossem morrer, mas que estariam *mortos*.

E quais os seus projetos atuais? E as suas maquetes? Você pensa nelas para um local determinado ou você bola primeiro a maquete?

Tem vários tipos de maquete. Tem umas que são sem escala, e as outras são maquetes com escala para serem construídas. Em geral quando são coisas de espaço grande. De modo que eu faço algumas em escala de um por 50, outras em escala de 1 por 20. Agora: tem algumas sem escala, que podem ser construídas ou não. Acho que a maioria destas coisas não vai sair deste estágio de maquete. Mas a maquete para mim já é obra.

Você podia fazer múltiplos das suas maquetes, não?

É um pouco difícil porque elas demoram muito a serem feitas. Eu vejo a maquete não como um pré-estágio mas como a obra já feita.

Agora, sabe o que eu imaginei? Eu imaginei que seria muito bonito fazer um projeto arquitetônico onde depois incluísse os trabalhos de várias épocas suas, dentro da maquete.

Ah é. Muito bonito. Por exemplo, eu sempre tive a ideia, quando fazia as obras lá naquela casa do Jardim Botânico, de construir um lugar para abrigá-las, porque eles exigem um espaço próprio. Certas obras não são obras que você chegue e bote em cima de uma mesa dentro de casa, sabe como é? Elas começam a exigir um espaço próprio para elas. Então a única vez que eu consegui reunir todas essas coisas a fazer um ambiente próprio foi em Londres. A Whitechapel era imensa e eu mesmo fiz. Eles mandaram a planta e eu mesmo fiz uma espécie de *layout* total.

Sabe o que seria lindo? Fazer um Museu assim... quase uma obra por sala.

É, tem que ser. Por exemplo, um quadro grande de Matisse, como aquele do *Estudo em vermelho*. Não tem razão de estar misturado com outros quadros numa sala. Foi muito bom esse negócio que você disse, de criar um espaço para as coisas.

Eu acho que os arquitetos quando construíssem um Museu de Arte Moderna deviam reunir todas as obras que tem no Museu e fazer a construção a partir dessas obras, e não fazer o prédio para depois colocar as obras.

Ah. Ah. Ah. Só que tem, por exemplo, que o MAM do Rio não teria nem obra lá. Até que havia algumas, escolhidas por Mário Pedrosa. Mas depois do incêndio só tem cinzas de obras.

Como é que você bolou o *Parangolé*? Foi em 1964?

Eu comecei a fazer o *Parangolé* em 1964...

Mas você passou diretamente da fase dos objetos e pintura para o *Parangolé*?

Não. Eu comecei no Grupo Frente em 1955. Era o grupo que tinha o Serpa, Pape, Clark, Carvão, Décio Vieira e outros. E meu irmão que é arquiteto: César Oiticica. Aí, tinha uma escola de Arte infantil que era constituída por Serpa, Carvão, meu irmão e eu. O Serpa foi para fora e eu comecei a fazer parte do grupo Neoconcreto em 1959, por influência do Gullar, e, em parte, da Lygia Clark.

Você não fez também uma escultura que era um cubo dentro de outro, e dentro de outro, e dentro de outro, que você enterrava na terra?

Não. Isso daí foi depois. Era o poema enterrado do Gullar. O que eu queria dizer é que tinha uns quadros de parede que eram pinturas monocrômicas. Te mostro. Tem muitas coisas dessas e eu boto atrás a fórmula com que cheguei à cor final. São várias camadas de cor, e tem sempre uma cor que dá o resultado final. Tinha umas 50 dessas, que eu chamei de *Invenções*.

Mas isso é importante.

Mas é totalmente desconhecido. As coisas minhas mais conhecidas no Brasil hoje em dia são os *Metaesquemas*, que vieram em 1957/1958. Antes, em 1956, eu passei por uma fase em que usava cores muito próximas umas das outras e escuras. E sempre tinha uma cor mais clara para dar um espaço de vai e vem, de ambivalência visual.

E um pouco Ad Reinhardt. Telas pretas, preto sobre o preto.

Isso saiu em 1956. Agora, em 1957/1958 era mais o negócio de *Metaesquema*, em que eu quis limpar a cor e deixava o papelão-cru. Por isso é que não chamo estes trabalhos de desenhos.

O nome de teus trabalhos é muito importante, não? Você sempre bolava um nome.

É importante. Não é um desenho a guache. Essa definição não significa nada. E para mim, *Metaesquema* significa que, pelo fato de eu não usar cor, usar pouca cor e usar o papelão, continua a ser pintura. Porque o espaço é pintura. Então *Metaesquema* é isso: uma coisa que fica *entre*. Que não é nem pintura, nem desenho, mas na realidade uma evolução da pintura.

O esquema seria a estruturação do trabalho, e o meta a transcendência da visualização.

Como se fosse um programa determinado dentro da pintura. Daí eu passei para os quadros em que usava cor com cor, como aquela ali, que você olha e tem a impressão de que é todo amarelo. Quando ele está iluminado debaixo, o amarelo é de um jeito diferente. Você só vê quando tem uma iluminação artificial. Na realidade é uma cor só, pintada em várias direções.

Você foi um dos artistas mais importantes na época, porque realmente partiu para outra coisa.

Aí eu comecei a fazer as primeiras coisas no espaço, que eram relevos espaciais, onde a cor entrava por dentro e tinha uma porção de vazados. A cor entrava e saía de dentro.

De madeira isso?

É. De madeira suspensa no espaço, e você podia caminhar em volta.

A maneira como as pessoas
se referem a mim é ótima.
Alguns me chamavam de
pintor, outros de escultor. E,
pior ainda, me chamavam
de arquiteto. E chegou ao
máximo no programa do
Chacrinha onde ele me
chamou de costureiro.
Ninguém acha uma
definição...

Como se chama isso?

Relevos Espaciais e *Bilaterais*. Os *Bilaterais* eram planos e os *relevos espaciais* se projetam mais assim no espaço. Depois eu comecei a fazer os *Núcleos*, que eram placas soltas, para você caminhar por dentro, num sentido labiríntico. Elas tinham um teto, e o teto delas tinha marcado onde pendurar a placa, todo numerado. O teto é como se fosse uma planta. E elas pendiam, fazendo uma estrutura labiríntica, onde você entra por dentro. E em geral eram de cores muito fortes: laranja, amarelo e vermelho. Eram uma espécie de cabine, em que você entra dentro e puxa as portas. E com cor em todos os lados. Fiz um projeto chamado Projeto Polis, que foi a primeira maquete que eu fiz. Tinha *Penetráveis*, tinha esse *poema enterrado* do Gullar, e o *Teatro Integral* do Reynaldo Jardim. O poema enterrado do Gullar foi construído lá na minha casa do Jardim Botânico, mas agora foi destruído por que deu vazamento. É uma cabine. Você abre um alçapão e desce as escadas e lá embaixo tem três cubos. Primeiro você tira um depois o outro, verde, tira toda a estrutura. Depois tem um branco e embaixo dele está escrita a palavra "Rejuvenesça". Isso era um poema do Gullar, aliás lindíssimo.

Muito importante nisso tudo é criar novas formas de arte, dando um nome para as novas formas. Cada ação pode ter um sentido artístico. Basta bolar o nome. Cria-se uma liberdade total.

Isso é genial. A maneira como as pessoas se referem a mim é ótima. Alguns me chamavam de pintor, outros de escultor. E, pior ainda, me chamavam de arquiteto. E chegou ao máximo no programa do Chacrinha onde o Chacrinha me chamou de costureiro. Ninguém acha uma definição. Ah. Ah. Ah.

Podia ser chamado de Criador.

De inventor. Acho que no Brasil essas coisas experimentais são as mais experimentais que já houve. O Brasil, a meu ver, o que tem de bom é esse campo muito grande para coisa experimental. Ninguém hoje está interessado no outro lado da pintura brasileira, que é chatíssima por sinal. Principalmente o primitivismo e o regionalismo, que eu acho intragável.

Qualquer primitivo é terrível, não?

O Brasil é um país condenado ao moderno. Fora disso o que se faz cai em diluição dos padrões internacionais. E tem-se essa mania de discutir o que é vanguarda. Nada disso interessa. Acho que tudo que tem de ser hoje em dia, acaba sendo vanguarda. Nada disso interessa. Vanguarda como termo existia apenas quando existiam movimentos acadêmicos ou resistência acadêmica. Uma coisa ou é invenção ou não é. O resto não interessa. Assim como a ideia do Poeta Maldito. Foram taxados de malditos por uma casta de acadêmicos literatos.

Engraçado como as pessoas colocam os marginais como se eles quisessem ser isso. Muitas vezes são obrigados. E os _Bólides_, como surgiram?

Os _Bólides_ eram caixas e vidros. Umas caixas como se fosse a materialização do pigmento. Era a cor pigmentária e tinha sempre textura. Eram coisas manipuláveis, que você podia mexer. Eu chamava _Estruturas de Inspeção_ porque pode-se olhar por dentro e por fora. E tinha uns vidros que são coisas que tem pigmentos puros.

Você fez uma exposição numa galeria, não?

É. Na G-4. Que foi uma galeria inaugurada pelo Gerchman e Antonio Dias.

Teve um _happening_ uma vez, não?

É. Eu não chamava de _happening_ e sim de _Manifestação Ambiental._ Detesto o termo _happening_ porque tem uma conotação de coisas destruídas, que eu acho péssimo. Funcionou em Nova York.

E o poema de Cara de Cavalo.

Aquilo é um *Bólide* também. Eu chamo de *Bólide-poema.*

Você tirava um saco e tinha um pigmento, e tinha um poema escrito no plástico, não é?

É. E tinha a fotografia do Cara de Cavalo. Quatro fotografias reproduzidas em grande escala. Depois tinha um outro negócio do Cara-a-Cara do Cara de Cavalo, que era a fotografia da Carteira de Identidade dele, ampliada no tamanho real da cara. Aí, desses *Bólides* é que eu fiz o primeiro *Parangolé.*

Porque tem o nome de *Parangolé*?

Isso eu descobri na rua, essa palavra mágica. Porque eu trabalhava no Museu Nacional da Quinta, com meu pai, fazendo bibliografia. Um dia eu estava indo de ônibus e na praça da Bandeira havia um mendigo que fez assim uma espécie de coisa mais linda do mundo: uma espécie de construção. No dia seguinte já havia desaparecido. Eram quatro postes, estacas de madeira de uns 2 metros de altura, que ele fez como se fossem vértices de retângulo no chão. Era um terreno baldio, com um matinho e tinha essa clareira que o cara estacou e botou as paredes feitas de fio de barbante de cima a baixo.

Bem feitíssimo. E havia um pedaço de aniagem pregado num desses barbantes, que dizia: "aqui é..." e a única coisa que eu entendi, que estava escrito era a palavra "Parangolé". Aí eu disse: "É essa a palavra."

Essa palavra, *Parangolé*, você fez também nas roupas do samba, né?

Aí eu já estava fazendo isso. São capas *Parangolé.* Como se a pessoa tivesse vestindo a própria pintura e você mexe e começam a aparecer várias camadas diferentes. E para mim isso abriu um campo totalmente novo. Talvez tenha sido a primeira obra em que o corpo entrou como parte da obra. Não o corpo como suporte. Pensei em fazer a coisa como um *approach* e pensei nessa coisa de usar o samba.

E o negócio dos ninhos em Nova York.

Depois dessa coisa do *Parangolé*, eu achei que para expor alguma coisa minha tinha que fazer o que eu chamava de manifestação ambiental. A primeira tentativa foi na G-4, essa de que você falou antes. A outra foi no MAM, quando coloquei um *Penetrável* feito em 1966, chamado *Tropicália*. Foi daí que nasceu o nome.

Você inventou o nome?

Eu é que inventei. Depois o Caetano, que eu nem conhecia, fez a música e o nome ficou conhecido. De modo que eu inventei a *Tropicália* e eles inventaram o tropicalismo, que é uma outra coisa. Tem um negócio do catálogo de Londres, que o Guy Brett tirou de cartas e que é uma definição exata: "*Tropicália* é uma espécie de labirinto fechado, sem saída. Quando você entra não tem nenhum teto e os espaços nos quais o espectador circula estão cheios de elementos táteis. Conforme você penetra mais além, começa a ouvir sons que vêm de fora e de dentro também. E que mais tarde se revelam como sendo sons de um aparelho de televisão que está colocado no extremo fim dele. A estrutura fixa geométrica lembra casas japonesas mondrianescas, as imagens táteis, o senso de tato, como pisar no chão, pois tem areia dentro de sacos, pedrinhas e tapete". Eu queria, nesse *Penetrável*, fazer um exercício da imagem em todas as suas formas.

E o negócio dos ninhos?

Ah! Eram caixas vazias de dois metros por um, e eu queria fazer mesmo um lugar para morar. Coisa que no futuro não se revelou muito prática em matéria de limpeza e tudo isto.

Eram feitos de quê?

Eram feitos de estrutura de madeira, mas cobertos de aniagem, quer dizer a aniagem fazia as paredes, entende?

Tem algo de volta ao útero.

Exato. Depois teve Information, de junho a agosto de 1970. Uma espécie de síntese dos anos 60, onde construí 28 ninhos. Em Nova York levaram a Abby Rockfeller para olhar os ninhos. Aí, quando abriram, tinha um casal trepando lá dentro. Essa foi o máximo que eu já vi, em participação, e foi um escândalo. Ninguém sabia o que fazer.

Em Nova York, quantas exposições você fez?

Só essa, em 1970.

Você ficou lá quanto tempo?

Fiquei de dezembro de 1970 até fevereiro de 1978. Sete anos!

Nessa época você trabalhou pouco, não?

Eu trabalhei com muitos projetos feitos, delineados. A maioria das coisas são coisas feitas no papel. Quer dizer, eu estou querendo publicar essa coisa toda que eu chamo de *Conglomerados*, porque isso aí foi uma coisa intencional, de não ficar criando objetos.

Engraçado. Nesse período muita gente produziu pouca coisa. Em 1974/1978.

Bom, para mim, as coisas que eu estou fazendo agora nada têm que ver. Quer dizer: essas maquetes são os protótipos de coisas para serem construídas, e é óbvio que resultam num objeto. Mas o conflito do objeto de arte, como ainda existia nos objetos que eu fazia nos anos de 1960 não existe mais.

É esse seu trabalho no Meridién?

O negócio do Meridién era outra coisa. A meu ver, uma espécie de síntese de uma porção de coisas. Não foi uma repetição. Foi um passo muito grande adiante dos outros *Penetráveis*.

Não tinha composição nem cor, não? Era só o sensorial.

Eu quis trabalhar com a translucidez dos painéis. Você de repente via assim "indícios" de cor através de vários painéis. Nem bem translúcidos. Como uma imagem fílmica.

Eu senti que eram como uma representação de você sair da praia, de pés molhados, atravessando a avenida, vendo os carros passar, para entrar depois no Meridién e apreciar uma exposição já ocorrida. Era a intromissão do tempo no teu trabalho. Uma fração de segundo materializada numa estrutura diáfana. Em vez de representar isto numa tela, ou num filme, peça ou o que quer que seja, você criou um espaço que evitasse cair nestas categorias, englobando-as todas. Da maneira mais simples, sem nenhum lado anedótico.

Exato.

E esse negócio da Kleemania?

Foi o seguinte. Em dezembro resolvi voltar a fazer coisas com o público. Eu tinha feito anotações na minha agenda no ano passado e, quando vi, lembrei que o Klee tinha nascido em 1879. Vi que fazia 100 anos. A data no livro do Klee era 18 de dezembro. Então eu disse: poderia usar o pretexto dessa data para fazer uma coisa. E para mim tem importância porque eu aprendi muito a ver com o Klee. Para comemorar o centenário eu fiz o *Contra-Bólide*, que chamei assim porque é exatamente o processo oposto do *Bólide*. Peguei terra em Jacarepaguá, e em vez de encerrar a terra numa cuba, peguei a terra e levei lá para o Aterro de Lixo do Caju. Num lugar onde tinha um matinho rasteiro eu coloquei uma forma de 80 x 80, feita de madeira, de 10 cm de altura; e coloquei a terra dentro fiz o molde quadrado, depois tirei a forma e ficou aquele quadrado de terra lá. Chamo essa experiência de *Devolver a Terra à Terra*. Foi um ato poético que eu chamei de *Contra-Bólide*, porque é exatamente o processo do *Bólide* às avessas. Com isso descobri também que o *Bólide* nunca foi o precursor desse negócio de *Earth Work*. Porque o Guy Brett, escritor do livro *Kinetic Art*, achava que eu era o precursor.

Mas na Arte Corporal você foi um dos precursores, né?

Só que tem que eu achava que o *Parangolé* não tinha nada a ver. A *Body art* acabou tornando-se uma coisa de preciosismo depois.

Ficou uma coisa muito ligada ao sado-masoquismo como nos trabalhos de Gina Pane, e do Schwarzkogler. Era muito o corpo como expressão do sofrimento.

Ao passo que a coisa da Lygia Clark era a descoberta do corpo mesmo. Não era o corpo como suporte. Isso eu acho importante.

As suas obras e da Lygia têm muito em comum, não? Tem um diálogo entre as duas, não? Quase seria um estilo.

Há um certo diálogo. Agora... estou me preparando para o morro da Mangueira. Um evento onde vários artistas participarão. Para mim é melhor levar a descoberta do espaço urbano à favela do que ir lá e fazer um filme, como no dia que a gente foi e como resultado achei péssimo.

Mas o que você vai fazer lá na Mangueira?

Um negócio complicado de explicar. Sei que tenho de pegar uns ladrilhos. Tenho uma tábua de 60 x 60. Vou colocar uns ladrilhos nela e a área vai funcionar como área para maquete e área local. Uma coisa mini e maxi ao mesmo tempo. Quero colocar esse quadrado ladrilhado num determinado local e deixar lá por um determinado tempo. Depois transfiro para outro lugar. Em seguida trago para casa no fim do dia. Mais adiante ele vai servir para outra finalidade. Fica assim como uma espécie de espaço limitado-ilimitado. Posso de repente improvisar uma maquete em cima dele e depois retirar. Outra coisa que eu queria fazer: eu vi um cara lá, vestido com uma coisa lindíssima, que era feito uma camisa preta e transparente ao mesmo tempo, de uma fazenda, como se fosse nylon, mas que você vê o corpo todo através. Então eu queria fazer uma roupa preta assim, que não vai ser *Parangolé*. A meu ver vem mais que ver com *Bólide*. Algo que fica mexendo, e eu achei lindo porque esse cara era preto e ficava o preto sobre o preto. Quero descobrir a sensualidade alheia através da minha.

É incrível como as artes plásticas estão muito mais avançadas do que os outros tipos de arte. Como o cinema ou a música. Porque as artes plásticas estão cada vez mais englobando todas as outras. Não somente isso mas uma outra coisa que estaria para nascer, oriunda do que tem de melhor nas artes plásticas.

É uma boa observação.

Porque o cinema e a música estão voltados ao passado. Não têm mais opção.

A não ser o rock.

Agora: é incrível como o fato de você nomear todos os objetos já cria uma delimitação e uma área onde você pode atuar.

Exato.

O espaço linguístico delimita o espaço concreto. Uma bolação fantástica.

Exato. Sempre faço isso.

Porque às vezes o sujeito tem ideias mas não sabe como concretizá-las.

Isso é importante para mim, porque senão não consigo fazer as coisas. Isso daí é uma ausência de bloqueio verbal. Acho que o que acontece com muitas pessoas é que elas têm ideias boas, mas têm bloqueios e não conseguem verbalizar as coisas. É como se você conseguisse conceber um filho mas não conseguisse parir.

(Toca o telefone. Hélio atende, e comenta: "É engraçado essa gente. Ligam para cá toda hora para saber...") Mas essa história é ótima: Como é mesmo?

É sobre a Sebastiana. A Sebastiana trabalha aqui. A Martine Barrat, repórter francesa, tirou fotografias lindas dela. Porque a Martine considera-a *The Beautiful Lady*. Daí a Martine mandou assim roupas de Nova York para a Sebastiana. A Sebastiana mora em Vila Rosaly. Eu digo: Sebastiana: se você sair com essas roupas você vai ser assaltada. Tinha uma blusa que deve custar uns 10 mil cruzeiros no Rio, mais o cinto, que deve custar uns 3 mil. Um verdadeiro absurdo.

Cronologia do autor

1937
Nasce a 26 de julho, no Rio de Janeiro.
1947-1950
Muda-se com a família para Washington, EUA, e frequenta pela primeira vez uma escola, a Thompson School.
1954
Estuda pintura com Ivan Serpa no Museu de Arte Moderna do Rio de Janeiro (MAM).
Integra o Grupo Frente até 1956.
1957
Inicia a série de guaches sobre papel posteriormente denominada de *Metaesquemas.*
1959
Funda o Grupo Neoconcreto com Lygia Clark, Lygia Pape, Franz Weissman, Ferreira Gullar e Amílcar de Castro.
Leva passistas da Mangueira aos jardins do MAM, provocando a expulsão de seus amigos pela direção do museu.
1960
Cria os primeiros *Núcleos*, também chamados de *Manifestações Ambientais* e *Penetráveis.*
É um dos representantes do Brasil na Exposição Internacional de Arte Concreta, em Zurique, na Suíça.
1963
Começa a produção de *Bólides* criando a primeira de suas estruturas manuseáveis, o *B1 Bólide caixa 1.*

1964
Levado pelo escultor Jackson Ribeiro, passa a frequentar a Estação Primeira de Mangueira, tornando-se passista da escola de samba.
1965
Cria a obra *Tropicália*, que serviu de inspiração para o movimento de mesmo nome.
Participa da Bienal Nacional de Salvador, na qual ganhou o Prêmio Especial de Pesquisa.
1966
Recebe o Prêmio Banco do Estado da Bahia por suas pesquisas em arte ambiental na I Bienal Nacional de Artes Plásticas da Bahia.
1967
Inicia a *Trilogia sensorial* comos *Bólides*, além dos *Penetráveis PN2* e *PN3*, mostrados na exposição *Nova ObjetividadeBrasileira*, no MAM-RJ.
1968
Realiza no Aterro do Flamengo, no Rio, a manifestação coletiva *Apocalipopótese*, com Lygia Pape, Antonio Manuel e Rogério Duarte.
Faz manifestação com o estandarte *Seja Marginal, Seja Herói*, na praça General Osório, em Ipanema, ao lado de outros artistas.
Participa como ator do filme *Câncer*, de Glauber Rocha.

1969

Realiza na Whitechapel Gallery, em Londres, a *Whitechapel Experience*, apresentando o projeto *Éden*.

1970

Cria cenários para shows de Gal Costa e Jards Macalé.

Participa do evento coletivo *Ogramurbana*, organizado por Luiz Otávio Pimentel, no MAM/RJ.

Recebe bolsa de estudo da Fundação Guggenheim e muda-se para Nova York, onde fica até 1978.

1972

Realiza o filme *Agripina É Roma Manhattan*.

1973

Cria, com Neville D'Almeida, o projeto *Cosmococa – Programa in Progress*.

1975

Participa como ator do filme *One night on Gay Street*, de Andreas Valentin.

1978

Participa da manifestação artística de Ivald Granado *Mitos vadios,* em um estacionamento na rua Augusta, em São Paulo.

Atua no filme *Dr. Dionélio*, de Ivan Cardoso.

1977

Inicia nova série de *Penetráveis* chamados de *Magic square* e também os objetos *Topological ready-made landscapes*.

1978

Participa da exposição *Objeto na arte: Brasil anos 60,* na Fundação Armando Álvares Penteado (FAAP), em São Paulo.

1979

Participa como ator do filme *O segredo da múmia*, de Ivan Cardoso.

Participa como ator do filme *Uma vez Flamengo*, de Ricardo Solberg.

Ivan Cardoso realiza o filme *HO*.

Realiza o evento *Kleemania*, para o qual convida vários artistas, no Bairro do Caju.

1980

Realiza o evento *Esquenta pro Carnaval*, no Morro da Mangueira.

Hélio Oiticica morre no dia 29 de março, em seu apartamento, no Rio de Janeiro, vítima de um derrame.

1981

César e Cláudio, irmãos de Hélio, criam o Projeto Hélio Oiticica.

1987

Marcos Bonisson e Tavinho Paes realizam o vídeo *H. O. N. Y.*

Belisário França realiza o vídeo *Lygia Clark e Hélio Oiticica*.

1990

César Oiticica Filho e Andreas Valentin realizam o vídeo *Hélio Mangueira Oiticica*.

1996

É criado o Centro de Artes Hélio Oiticica, no Rio de Janeiro.

Coleção Encontros:
a arte da entrevista

A Coleção Encontros visa resgatar a entrevista como meio privilegiado de comunicação: valendo-se de uma linguagem informal e abordando questões imediatas, torna-se um espaço estratégico para a atuação de intelectuais e artistas na criação de um mundo múltiplo, solidário e sustentável.

Em cada volume da Coleção Encontros trazemos um olhar abrangente sobre o entrevistado, com uma seleção criteriosa de depoimentos de diversos momentos e contextos de sua trajetória.

Na elaboração do presente volume, agradecemos a generosa colaboração de César Oiticica, Renato Rezende, Frederico Coelho e Ericson Pires. Agradecemos em especial a todos os entrevistadores presentes no livro, por autorizarem gentilmente a reprodução das entrevistas. Em raros casos, não obtivemos sucesso em contactar os entrevistadores ou veículos originais. Por se tratarem de entrevistas imprescíndiveis pela sua qualidade e relevância, decidimos mantê-las na publicação, acreditando que os autores compartilhem do projeto. Os respectivos direitos encontram-se reservados.

coordenação editorial
Amelia Cohn e Sergio Cohn

projeto gráfico e capa
Elisa Cardoso

foto
Carlos Vergara

Equipe Azougue
Carolina Noury, Eduardo Coelho, Elisa Ramone, Evelyn Rocha, Filipe Gonçalves, Giselle de Andrade, Ingrid Vieira, Karina Lopes, Larissa Ribeiro, Lilian Diehl, Luana Maria e Marta Lozano

revisão
Evelyn Rocha

CIP-BRASIL. CATALOGAÇÃO-NA-FONTE
SINDICATO NACIONAL DOS EDITORES DE LIVROS, RJ

H417

Hélio Oiticica / organização Cesar Oiticica Filho e Ingrid Vieira ; apresentação
Cesar Oiticica Filho. - Rio de Janeiro : Beco do Azougue, 2009.
272p. : il. -(Encontros)

ISBN 978-85-7920-006-9

1. Oiticica, Hélio, 1939-1980 - Entrevistas. 2. Pintores - Brasil - Biografia. 3.
Pintores - Brasil - Entrevistas. I. Oiticica Filho, César. II. Vieira, Ingrid. III.
Série.

09-3242. CDD: 927
CDU: 929:7.036

02.07.09 07.07.09 013611

2% da tiragem desse livro será doada para o Iepé — Instituto de Formação e
Pesquisa em Educação Indígena. O Iepé é uma entidade sem fins lucrativos criada
para prestar assessoria direta a demandas de formação e capacitação apresentadas pelas comunidades indígenas do Amapá e do Norte do Pará, visando o forta-
lecimento de suas formas de gestão comunitária e coletiva. Mais informações na
página www.institutoiepe.org.br.

[2010]
Beco do Azougue Editorial Ltda.
Rua Jardim Botânico, 674 sala 605
Jardim Botânico - Rio de Janeiro - RJ
CEP 22461-000
Tel/fax 55_21_2259-7712

www.azougue.com.br
AZOUGUE - MAIS QUE UMA EDITORA, UM PACTO COM A CULTURA

www.ingramcontent.com/pod-product-compliance
Lightning Source LLC
LaVergne TN
LVHW051058180726
843512LV00020B/1522